Yola Entz

YOLA

Gottvertrauen im Gepäck

BRUNNEN
VERLAG GIESSEN · BASEL

Umschlagmotiv: Creativ Collection, Freiburg;
Project Photos, Augsburg; privat
Umschlaggestaltung: Ralf Simon
Satz: DTP Brunnen
Herstellung: Wiener Verlag
ISBN 3-7655-1693-7

Einmal um die ganze Welt reisen! Plötzlich ist dieser Gedanke da. Er setzt sich fest und verdrängt die übrigen: die zweifelnden, vorsichtigen, risikoscheuen. Mehr und mehr Raum nimmt er ein und behält schließlich die Oberhand. Und weil er ein starker Gedanke ist, drängt er zur Tat. Er schiebt alle Vorbehalte zur Seite, und mit fast ungestümer Beharrlichkeit zielt er auf eine Entscheidung. Nicht mehr „eigentlich" oder „vielleicht" haben das letzte Wort, sondern „Ja. Ich tue es! Ich wage es." Damit ist die Entscheidung gefallen.

Eine unscheinbare Anzeige auf der Reiseseite der Wochenendzeitung hält meinen Blick gefangen. Ich stoße auf sie, als ich nach günstigen Flügen von meiner zweiten Heimat Los Angeles nach Amsterdam suche. Dort will ich nämlich als freiwillige Helferin bei einer großen internationalen Konferenz mitarbeiten. „Rund-um-die-Welt-Flug" lese ich da, und der Preis überrascht mich: nur knapp doppelt so viel wie ein Flug nach Amsterdam und zurück. Die verschiedenen Ziele beflügeln meine Fantasie: Vancouver, Amsterdam, Frankfurt, Bombay, Singapur, Jakarta, Sydney, Noumea, Auckland, Tahiti und wieder zurück nach Los Angeles. Einmal rund um den Globus, und das Ticket gültig für ein ganzes Jahr ...! Ich fange an zu träumen.

Allein schon Tahiti! Das ist von jeher das Land meiner Sehnsucht. Im Jugendklub der Teestube in Koblenz spielten die Jugendlichen und ich einmal das „Was-wäre-wenn"-Spiel. Und dann fragten sie mich damals: „Wenn du irgend wohin in der Welt reisen könntest, was wäre dein Ziel?" Ohne zu überlegen hatte ich „Tahiti!" gerufen.

Wie kam das? Hatten mich Gauguins Bilder von seiner polynesischen Wahlheimat so beeindruckt? Oder waren es Erinnerungen an Robinson Crusoes Insel, die vor meinem inneren

Auge standen, mit im lauen Winde sich leicht bewegenden Palmen und klarem, türkisblauem Wasser an weißen Stränden? Tahiti war jedenfalls so etwas wie mein Traumziel geworden. Und hier lockte es auf einer schwarz-weißen Zeitungsseite: „Komm her, und mache deinen Traum wahr!“, so schien die kleine Anzeige zu rufen. Also, Tahiti – ich komme!

Doch die Gedanken des Zweifels und der Vernunft kämpfen weiter gegen diese Entscheidung an. Gemeinsam versuchen sie, den starken Nebenbuhler abzuschieben, um das ruhige Gleichgewicht des Status Quo wieder herzustellen: *Gute Frau. Du bist jetzt verwitwet. Auf dich selbst gestellt. Du kannst doch nicht mit sechzig Jahren allein um die Welt reisen,* raunen sie mir finster zu. *Du – bist – allein! Siebenunddreißig Jahre lang hast du dich auf deinen Mann verlassen können. Der ging in heiklen Situationen voran. Der hat dich beschützt und dir alles Schwierige abgenommen. Und jetzt? Er ist tot. Und du bist allein. Wie willst du denn so etwas schaffen? Das ist doch vermessen!*

Ist das wahr? Bin ich allein, ganz allein? – Aber was ist mit diesem Satz, der mir beim Lesen in der Bibel so ins Auge gesprungen ist, dass ich mit den Gedanken daran hängen geblieben bin? Ich kann ihn einfach nicht vergessen. Und er lässt mir seit Tagen keine Ruhe. Ja, es ist ein unerhörter Satz. Aber er steht so schwarz auf weiß in der Bibel. „Ich, der Herr, bin dein Ehemann!“ Warum fühle ich mich von Gott durch diesen Satz im Buch Jesaja derart angesprochen? Obwohl ich doch genau weiß, dass er in einem ganz anderen Zusammenhang gesagt worden ist? Wohl weil ich merke: In diesem Moment redet Gott durch diese Aussage in Jesaja 54 direkt zu mir: „Der Herr, der dich erschaffen hat, ist dein Ehemann. Er heißt ‚der Herr, der allmächtige Gott‘. Er ist der heilige Gott Israels, dein Erlöser, und der Gott der ganzen Welt.“ Und was heißt das, wenn nicht: „Auf mich kannst du dich verlassen. Du bist nicht allein“?!

Ich muss gestehen, mit den anderen Begriffen oder Namen für Gott habe ich weniger Schwierigkeiten: Schöpfer, Herr, Allmächtiger, Allgegenwärtiger ... Die drücken aus, wie grenzenlos und unser menschliches Denken übersteigend Gott ist. Das heißt, diese Namen versuchen zumindest, es für unseren menschlichen Verstand klar zu machen.

Aber „Ehemann"?! Das liegt doch auf einer ganz anderen Ebene, eben der menschlichen, der Beziehungs- und Erfahrungsebene, die ganz greifbar erlebt wird. Von einem Ehemann erwartet man, dass er seine Frau liebt und beschützt und für sie sorgt, sich gerne mit ihr austauscht und sie als ebenbürtige Partnerin behandelt. Und Gott? Er versichert mir ja auch, dass er mich liebt und beschützt, für mich sorgt, das Zwiegespräch sucht. Aber da ist doch ein gewaltiger Unterschied. Ich bin ihm nicht ebenbürtig, kann ihn und sein Handeln oft nicht verstehen. Er ist eben kein Mensch. Und ich nicht Gott. Und so bleibt er mir bei aller Nähe manchmal fern.

Aber – vielleicht will er mir ja jetzt etwas Neues beibringen, damit ich ihn noch besser kennen lernen kann. Etwas, das in meiner gesicherten Lebenswelt, hier im sonnigen Kalifornien in unserem schönen neuen Haus mit den Kindern und Enkeln und dem Swimmingpool nicht möglich ist. Hier ist schließlich ziemlich alles abgesichert und berechenbar. Wie kann ich hier lernen, Gott mehr zu vertrauen, oder erleben, dass er mich nicht alleine lässt?

Das hört sich alles sehr plausibel an ... Die anderen Gedanken in mir geben also noch keine Ruhe. *Aber stell dir mal vor, wie du durch Indien reisen willst, wo du auf dich allein gestellt sein wirst. Warum willst du dich in eine solche Situation begeben? Du forderst Gott ja geradezu heraus! Nimm doch Vernunft an!*

Ach, Vernunft! Wenn ich mich nach ihr gerichtet hätte, wäre ich mit meinem amerikanischen Mann nie unter so schwierigen Bedingungen von den USA nach Deutschland gegangen und wir hätten nicht fünfundzwanzig erfüllte und glückliche Jahre in unserer Arbeit erlebt und so gute Erfahrungen mit Gott gemacht. – Vernunft ist nicht alles! Auch die scheinbar so neutrale Vernunft kann einem einiges vorgaukeln, z. B. dass ihre Entscheidungen „richtig" und „gut" sind. Aber ich denke, Gott will nicht „das Gute“, sondern das Beste für mein Leben, und das will ich auch. Und das kann mir die „Vernunft“ allein nicht geben.

So. Damit ist das innere Streitgespräch beendet. Ich werde um die Welt reisen – mit Gott an meiner Seite. Und ich will Antwort geben auf die Frage, die hinter seiner Zusage steht, bei mir zu sein, Antwort auf die Frage: Vertraust du mir – auch dann, wenn viel Neues auf dich zukommt?

Es ist so weit! Ich sitze im Flugzeug, das mich nach einem noch ziemlich europäisch geregelten Zwischenaufenthalt in Vancouver – sprich mit wenig Gelegenheit, Neues auszuprobieren – zum ersten Ziel bringt: Indien.

Allerdings hat die Vorsicht auch gesiegt. Ganz allein durch Indien reisen? Das hätte ich auf Anhieb wohl doch nicht geschafft. Peu à peu, Stückchen für Stückchen, will ich das Neue wagen, aber das muss ja nicht gleich mit der ersten Station in Indien sein. Beim Vorbereiten vorher half mir ein Gespräch mit einer wohlhabenden Freundin in Deutschland. Als sie von meinen Plänen hörte, schwärmte sie: „Du musst dir Rajasthan ansehen! Wir haben einmal eine Tour durch den Nordwesten Indiens gemacht, mit all den vielen Sehenswürdigkeiten und dem einmaligen Taj-Mahal. Wir waren in ehemaligen Maharadja-Palästen untergebracht, die jetzt Hotels sind. Es war eine zauberhafte Reise!“

Ihr Enthusiasmus hatte meine Vorfreude gesteigert. Aber als Witwe, die von der Rente lebt, sind Maharadja-Paläste als Unterkunft für mein Budget wohl nicht ganz das Richtige. Aber es gibt ja auch kleine Economy-Pauschal-Rundreisen durch das Land. Ein entsprechendes Angebot kommt mir gerade recht: drei Wochen durch Rajasthan mit Vollpension zu einem erschwinglichen Preis. Die Paläste werden wir vielleicht als Touristen besuchen, aber schlafen werden wir in einfachen Hotels.

Und nun sitze ich also in einem ausgebuchten Jumbojet der Air India zusammen mit einer deutschen Reisegruppe aus Frankfurt: neben mir noch zehn Frauen und Männer unterschiedlichen Alters. Ich habe einen Platz am Fenster und blicke hinunter auf die schneebedeckten Gipfel der Alpen. Die Höhe der Berge kann man sich aus dieser Perspektive kaum vorstellen! Es ist noch gar nicht so lange her, da sah ich es in Grindelwald vor mir aufragen, das herrliche Panorama des Jungfrau-Massivs. Ich habe mir das Bild so gut eingeprägt, dass ich es mir jederzeit vor Augen malen kann – mitsamt den bunten Bergwiesen und meinen geliebten tiefblauen Enzianblüten.

Von hier oben ist der Blick ein ganz anderer. Man sieht nur eine kleine Erhebung vom Boden. So einen weiten Blick, so einen Überblick müsste man immer haben – statt der üblichen „irdischen" und manchmal ach so engen Perspektive! Dann wäre manches, was einen ängstigt oder bedrückt, besser einzuordnen und zu gewichten.

Ich nehme mir vor, Tagebuch zu führen, damit ich später eine zuverlässige Quelle der Erinnerung habe, wenn ich am Ende dieser Reise angekommen bin. Wann das sein wird? Noch weiß ich es nicht genau. Es ist gewissermaßen Neuland, was mich da erwartet, und mein weiterer Weg liegt unerprobt und dunkel vor mir. Vielleicht werde ich am Ende etwas Positives und Neues gelernt oder entdeckt haben. Ich hoffe es! Also mache ich den ersten Eintrag: „Über den Wolken. 11. Oktober 1986."

Zu den Reisestationen siehe die Karte auf Seite 126/127.

Seit meiner ersten imaginären Begegnung mit Indien war es mein Wunsch, dieses Land einmal kennen zu lernen. Mit vierzehn wagte ich mich nach gerade mal zwei Jahren Englisch in der Schule an meinen ersten englischen Roman: „The Rains Came“ hieß er, und er spielte in der Zeit, in dem die Engländer das Land regierten. Obwohl ich noch nicht alle Wörter verstand, las ich doch das ganze Buch, weil es mich so faszinierte. Mein Bild dieses exotischen Landes wurde dadurch wesentlich geprägt. Später gab es eine Zeit, in der ich alles, was ich in den Zeitungen über Indien fand, ausschnitt und damit einen Indien-Ordner anlegte. Aber selbst die manchmal erschreckenden Berichte konnten das Traumbild, das sich in mir aufgebaut hatte, nicht ins Wanken bringen. Inder waren vor allem schöne Menschen mit großen ausdrucksstarken dunklen Augen, die Frauen in den bunten Saris ein Bild vollendeter Weiblichkeit und die Maharadjas, die in märchenhaftem Reichtum lebten, ein Ausdruck geheimster Jungmädchen-Träume. Über die Jahre hatten sich die kindlichen Vorstellungen dann schon etwas verändert. Nichtsdestotrotz: Jetzt, während ich diesem Land entgegenfliege, fühle ich prickelnde Vorfreude – wie beim Öffnen eines schön verpackten Geburtstagsgeschenks. Werden sich meine Erwartungen erfüllen?

Mein erster Anblick von Indien ist der Anflug über Bombay. Er verheißt nichts Gutes. Beim Aussteigen schlägt uns heiße, stickige Luft entgegen. Eine wahre Backofenhitze – ohne einen einzigen Luftzug. Der Schweiß rinnt aus allen Poren. Nur sieben Teilnehmer unserer Gruppe können direkt mit dem ersten Flugzeug nach Delhi weiter reisen, die anderen warten im zweiten Flieger auf der Piste. Der Grund ist eine technische Panne. Ich muss mir kleinmütige Gedanken eingestehen: Ob die da draußen auch wissen, was sie tun? Ich habe ein ungutes Gefühl im Magen. Stundenlang schwitzen wir in diesem völlig überhitzten Flugzeug wie in einem Käfig in der Sonne. Ich bin froh über das ausgeschenkte Wasser, von dem ich denke, es sei aus einer Flasche. Mein erster Fehler. Wenn man als empfindlicher Europäer keinen Durchfall riskieren will, sollte man sich auf Getränke aus der am Tisch geöffneten Flasche beschränken!

Endlich kommen wir in Delhi an. Dort ist es genauso heiß. Durch die Ankunftshalle schwirrt eine verirrte Fledermaus, am helllichten Tag. Der indische Reiseleiter, Mr. Singh, begrüßt uns. Ein sympathischer Endzwanziger in europäischer Kleidung mit einem Alligator-Hemd. In einem alten, schmutzigen Bus, der uns allen wie eine Sauna vorkommt, fahren wir durch Delhi. Ein tiefer, unglaublicher Kulturschock überfällt mich. So viel Abfall, Müll und Dreck! Und so viele, viele Menschen überall, in jeder kleinen engen Verkaufszelle, die wie Waben an den unteren Stockwerken der Häuser kleben. Jede dieser kleinen Buden ist bevölkert von mindestens sieben, acht Menschen. Durch die Straßen quillt ein unablässiger Strom von Männern, Frauen und Kindern in Festtagsstimmung. Es wird der Sieg irgendeines Gottes über das Böse gefeiert.

Nach dieser erschreckenden ersten Begegnung mit meinem ersehnten Indien fährt uns der alte Bus zu einem weißen, palastartigen Hotel. Das ist eine Überraschung, denn es hat vier Sterne – ich habe doch nur Economy gebucht! Aber einige der Mitreisenden klären auf und dämpfen gleichzeitig die Erwartungen. Doch, das sei in Ordnung. Aber das hier sei auch das beste Hotel der ganzen Reise. Und am Ende der Tour hätten wir hier noch einmal das Vergnügen – sozusagen zum guten Schluss. Der gepflegte Rasen mit der hohen Wasserfontäne vor der runden Hotelauffahrt und ein grünlicher Swimmingpool im hinteren Garten ähneln Bildern aus Büchern oder Filmen und wecken Erinnerung an britische Zeiten. Ich teile ein geräumiges Zimmer mit Ankleideraum und großem Bad mit einer dunkelhaarigen Achtundzwanzigjährigen aus Süddeutschland mit Namen Brigitte. Wir verstehen uns auf Anhieb. In unserem Zimmer riecht alles ein wenig nach Toilette, überall. Wir sind verschwitzt, also schnell unter die Dusche. Autsch! Das Wasser brennt in den Augen; es muss wohl gechlort sein oder sonst irgendwie aufbereitet. Nur nichts in den Mund laufen lassen! Dann heißt es: schnell umziehen, denn gleich kommt der Bus für eine verkürzte Stadtrundfahrt. Verkürzt deswegen, weil wir in Bombay am Flugplatz vier Stunden verloren hatten.

Der Bus fährt uns zu Gandhis Grab. Noch vor kurzer Zeit sah ich im deutschen Fernsehen den Bericht eines Attentatsversuches auf Rahoa Gandhi, als er aus Anlass des Geburtstags von Mahatma Gandhi dort betete. Jetzt bin ich selbst hier – und laufe in der Dämmerung barfuß auf dem aus Marmorstein gepflasterten Weg. Neugierige Blicke folgen uns, den Fremden. Am Himmel steht der zunehmende Mond mit Venus im Gefolge. Ein zart blättriger Baum voller laut krächzender Krähenvögel auf den Ästen zeichnet sich gegen den Abendhimmel ab. Weiße Blüten liegen auf schwarzem Marmor.

Da ruht jetzt der kleine Mann, dieses Symbol von friedlicher Veränderung, den eine Welt voller Hass nicht ertragen konnte, wohl weil sie dessen gewaltloses Eintreten für die Rechte der Rechtlosen als eine Bedrohung ansah. Wie konnte er nur! Wie konnte er von den Unberührbaren als seinen Brüdern sprechen, er, der aus einer hohen Kaste stammte, und dadurch das ganze gesellschaftliche Hierarchie-Gebäude, über Jahrhunderte aufgebaut, ins Wanken brachte. Dagegen musste man sich doch wehren, oder?! – Und nun kommen sie alle und ehren sein Grab: die Mächtigen und das Volk. Währenddessen geht alles wieder seinen gewohnten Gang: Die Unberührbaren vegetieren weiterhin in ihren Verschlägen aus Abfall, Ästen und Plastik. Die zerlumpten und ungekämmten Kinder betteln weiter und werden offenbar gar nicht als Menschen wahrgenommen.

So etwas Paradoxes! Auf der einen Seite sucht man die Propheten, ja, will hören, was sie zu sagen haben – aber sobald eine Veränderung die eigene Macht auch nur im Entferntesten bedrohen könnte, muss der Prophet wieder schweigen beziehungsweise zum Schweigen gebracht werden. Immer ist es der Egoismus, der verhindert, dass die Wahrheit die Ungerechtigkeit aufdeckt.

Beißender Rauch von Kuhdung liegt in der Luft und erinnert an Krematorien. Die Erde sieht uralt und ausgemergelt aus, genau wie die mageren Heiligen Kühe, deren Rippen man zählen kann. Hungrig streifen sie durch das Gewühl der Stadt. Wovon leben sie bloß? Im Bus bricht es aus mir hervor: „Das kann man ja nicht mit ansehen! Diese Armut, diesen Schmutz, diese Menschenmengen!“ Der vor mir sitzende blonde Hamburger, ein Hüne mit blauen Augen und seiner frisch angetrauten Ehefrau an der Seite dreht sich um. „Sie sind wohl zum ersten Mal hier? Was haben Sie denn erwartet? Das ist eben Indien. Daran muss man sich gewöhnen.“

Dann kehren wir zurück in die relative Ruhe des Hotels. Der Garten ist beleuchtet, eine Kapelle spielt, Inderinnen in fantastisch schönen farbigen Saris aus mit Goldfäden durchwirkter Seide und mit viel Gold an Armen, Hals und Ohren schreiten neben interessant aussehenden Männern mit dunklem Haar und großen Augen einher. Die Hochzeit einer reichen Tochter hat zu dieser späten Stunde gerade begonnen. Auf einer Plattform vor einem mit Blumen besteckten Wandschirm sitzt die geschmückte Braut neben ihrem ebenfalls geschmückten Bräutigam. Sie blicken ernst geradeaus – und zwar unter zuckendem Licht und der Begleitmusik von „Woody Woodpecker“. Ich muss schmunzeln, trotz der ernsten Mienen. Eine Begleitmusik wie im Comic! Die Gäste geben Geldgeschenke ab und drängen sich mit ihren Kameras um das Paar. Dann höre ich, dass die eigentliche Hochzeitszeremonie erst kurz vor Mitternacht stattfinden wird. Der Astrologe hat dies als die günstigste Zeit festgelegt.

Wir gehen in den Speisesaal mit hohen Decken und Wandmalereien. Die Unterhaltung dreht sich um die Hochzeit. Der Reiseleiter sagt, dass er demnächst auch heiraten wird. Er hat zwar eine feste Freundin, aber die wird nicht seine Frau werden. Seine Braut kommt aus derselben Kaste wie er und ist von den Eltern ausgesucht worden, erzählt er. Ob er sie kennt? Eigentlich dürfte er sie erst am Hochzeitstag kennen lernen, aber sie hätten sich schon einmal heimlich in London getroffen. Wie das denn gewesen wäre? Etwas verwirrend sei das schon, antwortet er, aber das sei eben so der Brauch. Und der würde auch von den jungen Leuten akzeptiert. „Aber wie können Sie Ihre feste Freundin, die sie lieben, verlassen, eine fremde Frau heiraten und dann auch lieben?“, frage ich verblüfft aus meiner westlichen Sichtweise heraus. Er blickt mich fast etwas herablassend an. „Wie sieht es denn in Ihrem Land aus?“, fragt er. „Ist es nicht oft so, dass dort aus freien Stücken und ‚aus Liebe‘ geheiratet wird – und das Paar dann nach drei Jahren vor dem Scheidungsrichter steht? Wir heiraten erst, und dann kommt die Liebe – und wir bleiben zusammen.“

Das ist eine Sicht der Dinge, die vielleicht nicht ganz abwegig ist. Zumindest will ich das so schnell nicht weiter kommentieren.

Seine Hochzeit soll übrigens auch um Mitternacht stattfinden, eben weil es der Astrologe so errechnet hat. Innerlich muss ich doch leise seufzen. Wovon Menschen sich nicht alles abhängig machen lassen!

In der Gruppe sprechen wir über die vor uns liegende Reise. Mr. Singh gibt uns einige Hinweise, wie sie sich grundsätzlich gestalten wird. „Ich möchte Sie mit Land und Leuten bekannt machen,“ sagt er, „darum werden wir nicht nur die typischen Touristenziele ansteuern, sondern wir werden das Leben der gewöhnlichen Menschen etwas kennen lernen. Das kann man nur zu Fuß. Das ist vielleicht nicht so bequem, aber es soll Ihnen ein möglichst wahrheitsgetreues Bild von Indien geben.“

Um elf Uhr abends, nach dreißig Stunden ohne Schlaf, fallen mir fast die Augen zu. Ich gehe auf mein Zimmer. Die Zähne will ich noch putzen – aber womit? Da ist nur eine Flasche Limonade. Nun, dann eben Limonade. Todmüde falle ich ins Bett.

Gegen halb vier in der Nacht werden wir geweckt – wieder Zeit zum Aufstehen. Schlaftrunken ziehen wir uns an. Schon rinnt der Schweiß wieder. Die Fenster kann man nicht öffnen. Vielleicht ist das gut so, denn so kommen auch keine Moskitos herein.

Wir treffen uns um kurz nach vier zum Frühstück, und dann geht es mit dem alten Bus durch dunkle Straßen. Im Licht der Scheinwerfer sehe ich ausgemergelte Männer, die auf einer dünnen Baumwolldecke mitten auf dem Bürgersteig neben ihren Fahrrad-Rikschas schlafen, auf dem harten Boden. Die Stadt ist wie ausgestorben. Nur am Flugplatz herrscht schon hektische Aktivität. In der Wartehalle setzen wir uns hin und betrachten die Menschen. Graziöse Frauen in farbenfrohen, fließenden Saris, die der weiblichen Figur so schmeicheln, hellen das triste Grau der Wände auf. Mit schönen Henna-Mustern bemalte Hände und Füße der Frauen ziehen die Blicke auf sich. Ein wohlhabend aussehendes indisches Paar schiebt fünf große Koffer vor sich her. Ihm folgt ein etwa zwölfjähriges Mädchen mit goldenen Zöpfen und Augenwimpern – als Albino fast ein Unikum in dieser schwarzhaarigen Gesellschaft. Ein Mann in dunklem Jackett hält über seinem Arm die Enden seiner weißen, flatternden Baumwollhose, die seine nackten Beine von hinten bis übers Knie freilegt. Dann müssen wir durch die Sicherheitskontrolle. Auf der anderen Seite tastet mich eine sitzende Frau ab. Ihre Hand geht hoch zwischen meine Beine, tastet mich schnell aber genau ab, von allen Seiten, von vorne und von hinten. Ich muss mich zusammen reißen, um sie nicht empört anzufahren oder sie wegzustoßen. Aber ich bin ja in einem fremden Land.

Auf geht's ins Flugzeug nach Jaipur, ein kurzer Flug nur von zwanzig Minuten.

Das ist die rosa-rote Stadt – alles ist in einer Farbe getüncht und wirkt dadurch harmonisch. Aber der Verkehr ist genauso mörderisch wie in Delhi, und überall wimmeln wie dort unüberschaubare Menschenmassen zwischen unzähligen Zwei- und Dreirädern, die von überschlanken, fast ausgehungert aussehenden Fahrern betrieben werden, und von knatternden stinkenden Zwei-Takt-Motoren der Taxi-Unternehmer.

Hier erwartet uns ein besserer Bus. Wunderbar. Mit ihm werden wir durch Rajasthan reisen. Wir sehen die Stadt im Schnelldurchgang, den fantastischen Palast der Winde und andere Sehenswürdigkeiten.

Dann fahren wir zum Fuß der Mount-Abu-Festung, die von Weitem schon das Land beherrscht. Auf dem Weg überholen wir Karawanen von Elefanten, die Touristen auf den Berg tragen. Auf ihren Rücken sind Bündel ihrer Tagesration von Zuckerrohr befestigt. Sie müssen genau das tun, was jede Hausfrau immer wieder tut: nämlich das eigene Essen in schweren Taschen nach Hause schleppen. Bald sitzen wir vier Frauen auf dem Rücken eines großen bunt bemalten Elefanten, der auf jeder Seite zwei Sitze hat, auf die wir mithilfe eines Treppengerüsts gestiegen sind.

Ich erinnere mich an meine ängstliche Vorfreude als kleines Kind bei einem Elefantenritt im Berliner Zoologischen Garten, und ich sehe mich noch stolz von oben auf Tante Hannchen herunterblicken, die in ihrer Hand meine mitgebrachte Tüte voller Möhren und Schoten für den Kinderzoo hielt. Etwas von dieser Vorfreude spüre ich nach all den Jahren wieder in mir, als der Koloss sich schwankenden Schrittes in Bewegung setzt. Er ist der Erste. Langsam geht er die Steigung an. Nach einer Weile merken wir, wie etwa acht andere Elefanten, die später gestartet sind, uns überholen. Jeder Schritt scheint unserem Tier Qualen zu bereiten, denn es wird immer langsamer. Der alte Elefant schleppt seine Last mit äußerster Mühe den Berg hoch. Ich möchte wieder absteigen, selber den Hügel erklimmen, aber ich kann nicht. Ich fühle mich schrecklich. Tierquälerei kommt bei mir schon seit der Kindheit gleich nach Kindesmisshandlung. Ich kann es nicht ertragen! Der Besitzer oder Antreiber hat kein Verständnis für meine Worte. Er trabt stumm neben dem Tier her. Selbst wenn er anhalten würde, käme ich nicht von dem Rücken herunter. Wahrscheinlich hängt eine vielköpfige Familie von dieser Einnahmequelle ab, schießt es mir durch den

Kopf. Was würden sie tun, wenn der Elefant zusammenbricht? Der Reiseleiter hatte uns gesagt, dass ein Elefant vierzigtausend Rupien kostet, bei einem monatlichen Durchschnittsgehalt eines ungelernten Arbeiters von zweitausend Rupien eine enorme Ausgabe. Der Gedanke, dass das Tier unter uns sein Leben aushauchen könnte, flößt mir Furcht und Mitleid ein. Ich möchte heulen – der ganze Spaß ist vorbei. Ich klammere mich an meinen Sitz. Endlich hört der endlose Aufstieg auf. Wir sind auf dem Plateau angelangt. Mit Erleichterung trete ich auf das Podest zum Absteigen. Und das arme Tier muss jetzt wieder heruntertraben, um eine neue Ladung Touristen heraufzuschleppen ...

Wir laufen durch die Festung und den Palast, blicken hinunter auf den alten Palast aus dem sechzehnten Jahrhundert. Während der Reiseleiter Geschichtsunterricht gibt, beobachte ich eine Affenmutter, die auf einer Mauer hockt und zärtlich ihr Junges an die Brust drückt.

Dann geht es in den Frauenbereich des Palastes. Neun Frauen eines Königs haben mit ihren Kindern hier in diesem goldenen Käfig ihr Leben verbracht, abgeschnitten von der Welt bis zu ihrem Tod. Kein Mann außer dem Wächter durfte sich dem Harem nähern. Wenn die Jungen unter den Kindern acht Jahre alt wurden, mussten sie ihre Mutter verlassen und sahen sie nie wieder. Welch verzweifelte Szenen müssen sich in diesen Wänden abgespielt haben, wenn einer Mutter ihr geliebtes Kind für immer entrissen wurde. Wieviel Tränen sind hier wohl vergossen worden. Da hat es die Affenmutter besser. Sie ist frei, im Gegensatz zu den Menschenmüttern, die hier doch wie Gefangene lebten, der Willkür eines despotischen Herrschers ausgeliefert.

Die Sonne brennt unerträglich heiß auf uns herab, als wir uns auf den Weg zum Tempel der Göttin Kali machen. Einer der Mitreisenden, der mit seiner Frau schon mehrmals in Indien war, wollte ihn sehen. „Sie ist die Göttin der Macht und Zerstörung, und montags ist ihr Anbetungstag. Wir sollten heute hingehen und beten“, hat er uns vorher erklärt. Mr. Singh sah ihn daraufhin an und antwortete: „Wir brauchen nicht in den Tempel zu gehen, um zu beten. Das kann man überall.“ Aber nun gehen wir doch. Vor dem Tempel heißt es: Schuhe ausziehen, Socken, und alles was aus Leder ist, ablegen. Menschen drängeln sich nach vorne mit Opfergaben, Blumen, Reiskuchen, Süßigkeiten. Die Göttin muss Magenverstimmung haben bei all diesen Gaben, denke ich. Der Priester nimmt sie allesamt entgegen, gibt jedem Besucher dann ein wenig Flüssigkeit, welche teils getrunken, teils auf den Kopf gestrichen wird, und zwar zum Zeichen von Schutz und Macht, die damit verliehen werden. Ach, wenn das doch so einfach wäre mit der Macht! Wie sähe die Welt anders aus, wenn die, die nach Macht trachten oder ihre Macht verteidigen wollen, sie sich einfach auf den Kopf streichen lassen könnten, anstatt andere zu unterdrücken, Intrigen zu spinnen und über Leichen zu gehen!

Durch den ohrenbetäubenden Lärm dreier uniformierter Wächter werde ich aus meinen Gedanken gerissen: Mit aller Kraft schlagen sie metallene Gongs und Pauken, dass einem bald das Trommelfell platzt. Ich ziehe mich zurück und warte auf die anderen. Dann schlendern wir zum neueren Teil des Palastes. Der strahlt und glitzert im hellen Licht mit seinen kleinen bunten Mosaikspiegeln – so stellt man sich die Szenen von Tausendundeiner Nacht vor.

Der Abstieg zu unserem Bus ist schweißtreibend. Ich bin froh über ein dünnes Seidentuch, das ich über mich halten kann und das mir ein wenig Schatten schenkt. Als wir später den zermürbenden Verkehr hinter uns haben und wieder bei unserem Hotel ankommen, bin ich erledigt.

Auf dem Weg dorthin hält der Busfahrer gegenüber der Post, weil einige von uns Karten einwerfen wollen. Eigentlich will ich noch Briefmarken kaufen. Aber ich wage mich nicht durch diesen unheimlich dichten Verkehr. Ich, die ich in einer Großstadt aufgewachsen bin und von Kindesbeinen an auch größere Straßen überquert habe, traue mich nicht über diese Straße – und gehe lieber zurück in den „sicheren“ Bus.

Aus dem Fenster blicke ich auf das sich ständig verändernde

Bild auf der Straße. Zwischen dem motorisierten Verkehr traben knochige Zugtiere, meistens einen Wagen hinter sich her ziehend. Manchmal ist es auch ein Kamel. Mir fallen besonders die Rikscha-Kulis auf, deren Lebenserwartung bei dreißig Jahren liegt, wie man uns sagte. Sie treten stehend in die Pedale, um jedes Gramm ihres ausgemergelten Körpers einsetzen zu können, wenn sie zwei oder drei Passagiere befördern. Und dafür bekommen sie meistens nach einem langen Tag nur einige wenige Rupien, die kaum reichen, um genug zum Essen zu kaufen. Eine grausame Ausbeutung ist das – wie bei dem Elefanten.

Jedes Mal, wenn wir halten, um Bilder aufzunehmen oder aus dem Bus auszusteigen, sind wir sofort von Menschen umzingelt, die etwas verkaufen wollen oder betteln. Aber, so unser Reiseleiter, wir sollen den bettelnden Kindern bitte nie etwas geben: „Sonst werden sie dadurch zum Betteln statt zum Arbeiten erzogen", erklärt er. Und er gibt weitere Instruktionen: „Sehen Sie niemanden direkt an, wenn Sie nichts kaufen wollen, sondern gehen Sie einfach ruhig weiter." Doch so leicht ist das nicht. Die meisten, die sich um uns drängen, lassen sich nicht abschütteln und wiederholen monoton ihre Aufforderung zum Kauf. Sie halten uns ihre Waren vor die Nase oder an die offenen Fenster und schlagen gegen den Bus. Aber sie sehen wirklich arm aus. Wer hilft ihnen – wirklich?

Der Bus schiebt sich durch die vor Verkehr schier platzenden Straßen. Wir erleben aber keinen einzigen Unfall. Wie schaffen die Einheimischen das, „ohne" durchzukommen? In diesem Durcheinander nicht dauernd zusammenzustoßen grenzt schon an ein Wunder!

Wir besichtigen ein astronomisches Observatorium, das ein König im Mittelalter gebaut hat. Die Größe des Baus und die Genauigkeit der Details, alles bringt mich zum Staunen. Wir hören, dass diese Bauten errichtet wurden, um die Zukunft zu ergründen – durch Astrologie! Unser Mr. Singh glaubt an die Astrologie, wie er schon gelegentlich einfließen ließ. Er ist davon überzeugt: Wenn das Horoskop bei der Geburt gestellt wird, dann zeigt es das unumstößliche Schicksal, das die Sterne vorbestimmt haben. – Das heißt: Es gibt keine Chance, selbst das Leben zu gestalten, im Vertrauen auf gottgebene Gaben und Gelegenheiten etwas zu wagen. Ich kann es kaum fassen, dass man sich freiwillig so versklaven lassen kann. Das entspricht doch keinem würdevollen Bild des Menschen! Später erfahre ich, dass bei der Frage nach den Möglichkeiten des Einzelnen das Kasten-Denken nach wie vor ebenfalls eine wesentliche Rolle spielt. Und ein Drittes kommt dazu, was jeden möglichen Wunsch zur Veränderung schnell lähmt, nämlich die allgemeine Auffassung, dass alles Schlimme, das einem widerfährt, nur das Ergebnis ausgleichender Gerechtigkeit für ein früheres Leben sei. So wird das Leben zum Gefängnis mit eisernen Riegeln, an denen man zwar rütteln kann, aber die man nicht verbiegen kann um auszubrechen.

Unterwegs sammeln wir wieder weitere Eindrücke. Im Zentrum der Stadt bei einem Kreisverkehr, inmitten des Lärms der tutenden Fahrzeuge und dem Gestank der motorisierten Vehikel, zwischen Fahrrädern und Rikschas, hat eine Kuh sich ihren Platz zum Ausruhen ausgesucht. Hier liegt sie und kaut seelenruhig wieder. Aber was hat sie eigentlich zum Wiederkäuen? Ich habe weit und breit keinen Grashalm gesehen, sondern immer nur Straßen voller Menschen, umsäumt von verrottenden Gebäuden.

Wir fahren zum Stadtpalast. Die müßig gehenden Reichen lebten in früheren Zeiten wohl wirklich wie die sprichwörtliche Made im Speck. In einer Vitrine hängt die Robe eines verstorbenen Maharadjas. Sie ist so weit, dass sicher vier bis fünf arme Kulis darin Platz hätten. Wir besichtigen die beeindruckende Hinterlassenschaft von Reichtum und schönen Kunstgegenständen, die hinter Glas von einstigen Zeiten zeugen. Zwei riesige Silbergefäße werden uns gezeigt, jede tausend Pfund schwer, die der Maharadja mit Wasser vom Ganges füllen ließ, um sich während einer Reise nach England täglich damit reinigen zu können. Der Palast ist märchenhaft schön. Gleichzeitig bleibt der Gedanke, wie schnell Menschen mit den entsprechenden Möglichkeiten Dinge, schöne Dinge, wichtiger werden können als das Wohlergehen von Menschen.

Nach dem Albtraum der Städte ist es eine Erleichterung, aufs Land hinauszufahren. Rajasthan ist eine Wüstengegend mit sehr wenig Wasser, und oft muss es von weit hergeholt werden. In einer kleinen Stadt halten wir und steigen aus. Ein Gemüsemarkt zieht uns an. Die Menschen begrüßen uns mit freundlichem Lächeln. Keiner bettelt oder hält die Hand auf, wenn wir ein Bild aufnehmen wollen. Später besuchen wir einen schönen alten Palast in Samode. Er ist voller kunstvoll bemalter Räume mit den bekannten Spiegelmosaiken, eine elegante Residenz. Außer uns sind kaum Besucher dort, keine Touristen weit und breit. Während wir auf einer Terrasse sitzen, sehen wir eine große, bunt gekleidete Gruppe von Leuten, die auf dem Weg zum Tempel des Affengottes sind. Es sind so genannte Untouchables, Unberührbare. Sie haben sich für diesen Ausflug fein gemacht. Im Gegensatz zu den in der Stadt in Elendsquartieren hausenden, ungekämmten und schmutzigen Kindern sehen diese Frauen, Männer und Kinder vor uns nicht anders aus als die Familiengruppen um uns herum. Doch in den Augen der Inder liegt zwischen diesen Menschen und allen anderen eine unüberwindbar tiefe Kluft.

Wieder unterwegs auf den Landstraßen, lernen wir ein neues „Spiel“ kennen. In Amerika nennt man es „chicken“. Wir fahren auf einer schmalen geteerten Straße, die an beiden Seiten von Sand umsäumt ist. Die großen Lastwagen und Busse nähern sich auf der engen Piste immer wieder mit unverminderter Geschwindigkeit. Im letzten Moment vor einem Zusammenstoß weichen sie einander aus. Ich kann kaum hinsehen!

Ein nervenaufreibendes Spielchen. Ich bin froh, als wir heil in Mandava Castle ankommen. Hoch über dem Ort liegt das einstige Schloss. Von außen sieht es heruntergekommen aus, doch wir werden höflich empfangen und gebeten, auf einer großen Terrasse Platz zu nehmen. Wir werden von Nepalesen mit hohen Turbanen bedient, die uns Tee bringen. So müssen wohl einst die britischen Kolonialherren gelebt haben. Innen spiegelt das Haus noch etwas von seinem ehemaligen Glanz, mit all seinen Malereien auf Decke und Wand, Marmorsäulen, ausgestopften Trophäen von Tigern und anderen Vierbeinern, Bildern von verblichenen Familienangehörigen. Der Fürst, dem dieses Familienschloss gehört, begrüßt uns. Er ist dabei, das Schloss nach und nach in ein Hotel zu verwandeln, erfahren wir. In unserem Zimmer fühle ich mich wie eine Maharani. Doch ein großer Unterschied besteht: Eine Maharani durfte damals von keinem anderen Mann als ihrem Ehemann überhaupt nur gesehen werden. Von der halben Welt war sie also abgeschirmt. Du liebe Zeit! Muss das langweilig gewesen sein!

Wir machen uns fein und spazieren zu einem Essen im Garten unter den Sternen. Die Stimmung ist romantisch. Über uns glänzt ein silberner Mond. Auf den Tischen stehen Kerzen, in einer Ecke spielt ein Musiker ein geigenähnliches Instrument, dazu singt er, und seine Frau tanzt. Das Schloss hinter uns wird angestrahlt. Unser Mr. Singh kommt in cremefarbener indischer Tracht aus Wildseide. Er hat sich von einem gewöhnlichen jungen Mann in einen indischen Prinzen verwandelt. Ich bin verzaubert. Wir bedienen uns an einem langen Buffet mit köstlichen Speisen. Der Fürst flaniert zwischen den Tischen, spricht zu jedem. Das ist das Indien, wie ich es mir in meinen Träumen vorgestellt habe!

Gesättigt und entspannt setzen wir uns als Gruppe in einem Kreis zusammen. Jeder soll sich vorstellen und etwas von sich erzählen. Es wird ein interessanter Abend, der damit endet, dass wir alle Bruderschaft trinken.

Dem romantischen Abend folgt eine ruhelose Nacht. War es

zu viel des guten Essens, oder kommt das von dem angeregten Gespräch? Jedenfalls hält es mich nicht mehr im Zimmer, und ich gehe kurz nach Sonnenaufgang hinauf zu den Zinnen des Schlosses und blicke hinunter auf den erwachenden Ort. Ab halb sechs höre ich ein monotones, lautes Rufen von einem Tempel. Dann merke ich: Es ist eine Kassette, die da abgespielt wird. Ich sehe, wie der Fürst heraus kommt. Er trägt Jeans. Der Zauber der Nacht ist dem ganz gewöhnlichem Leben gewichen. Im Zimmer merke ich, dass gestern, während wir im Garten saßen, jemand versucht hat, meinen Koffer zu knacken. Das rechte Schloss ist offen, das linke Zahlenschloss steht auf 000 – was für ein Experte!

Nach dem Frühstück, mein „gekochtes" Ei ist fast roh, laufen wir durch den Ort, immer einige schmutzige, bettelnde Kinder im Gefolge. Hier haben die kleinen Mädchen nicht diese mit Kohlestift schwarz umrandeten Augen, die wir sonst häufig gesehen haben, wo man Angst hat vor dem „Bösen Blick", der angeblich verhexen oder verzaubern kann. Diese Angst vor dem Bösen bricht überall hervor.

Diese Kinder hier sind arm und scharen sich um uns. Da wird Gadjenta Singh, unser Leiter wieder ärgerlich, weil eine Schweizerin den Kindern Süßigkeiten gibt. Die fallen wie die jungen Hunde darüber her, balgen und schlagen sich darum. „Gebt den Kindern nie etwas", wiederholt er mit Nachdruck. „So werden sie nur zu Bettlern gemacht." Wir stehen betreten da – die Szene hat uns genauso angewidert. Aber es sind doch andererseits Kinder, die so wenig haben.

Ein kleines etwa achtjähriges Mädchen mit struppigem Haar will meine Hand halten. Außer einem verblichenen Baumwollkleidchen und einem Bindfaden um den Hals, an dem eine einzige rosa Plastikperle hängt, hat sie nichts an. Ein kleiner Junge greift meine andere Hand, und so laufen wir durch den Sand, uns nur durch Lächeln verständigend. Auf der Straße angekommen, lässt der Kleine meine Hand los. Es ist wohl nicht männlich, an der Hand zu gehen. Aber als wir dann zum Bus kommen, hält er mich wieder fest. Die Kleine, die die ganze

Zeit nicht losgelassen hat, zeigt auf ihre Perle und auf mich. Sie will sie mir schenken! Mit Mühe und heftigem Kopfschütteln halte ich sie davon ab. Ach, wenn ich ihr doch nur etwas zukommen lassen könnte! Aber nach den strengen Ermahnungen und dem wachsamen Blick unseres Reiseleiters wage ich es nicht. Mein Herz blutet für diese Kinder, die neben dem Bus her rennen. Und alles, was ich in diesem Moment tun kann, ist lächeln und winken.

Das Hotel, in dem wir unterkommen, liegt an einer so belebten Straße, dass ich mich nicht auf die andere Seite hinüber traue. Die Luft ist von dem beißenden Rauch und Geruch des Kuhdungs erfüllt, den die Straßenverkäufer für ihre offenen Feuer verwenden. Gegenüber sehe ich einen jungen Mann, der eine Wäscherei betreibt und mit einem uralten Kohlebügeleisen, das mindestens zehn Pfund wiegt, Wäsche bügelt. Am Abend gebe ich meine Kakihose und noch ein paar Wäscheteile ab und erhalte sie direkt am nächsten Morgen frisch und sauber zurück. Ein guter Service!

Das Hotel ist einfach, eben Economy. Vom Treppengeländer hängt ein langes schwarzes Tuch herunter – um böse Geister abzuwehren. Wir essen vegetarisch. Am nächsten Morgen sind sechs von uns krank. Auch mich hat es erwischt. Mir ist schlecht, und ich habe Durchfall.

Wir fahren mit dem Bus nach Teshnook in der Mitte der Wüste. Wir haben Gott sei Dank Tempelsocken bekommen, die wir dort über die Füße streifen. Das ist auch nötig, denn wir besuchen einen Rattentempel. Und dieser Tempel heißt nicht nur so, wie ich noch merken werde. Zunächst erfahren wir, dass er dem Rattenkönig geweiht ist, der mit einem Rattenheer einem anderen König zu Hilfe kam und deswegen nun hier verehrt wird. Beißender weißer Rauch empfängt uns, der bekannte Kuhdung, der uns überall begleitet und die Nase und Augen attackiert. Viele Frauen stehen hier mit Kindern auf dem Arm und an der Hand und singen mit schrillen Stimmen auf leiernde Art religiöse Lieder, während sie auf Einlass warten. Unsere

Gruppe geht an zwei Männern, wahrscheinlich Priestern, vorbei, die neben dem Feuer mit aller Macht auf Gong und Pauke schlagen und einen ohrenbetäubenden Lärm machen. Ich wage es kaum, mich umzusehen, als wir in den Tempel gehen. In den Ecken türmen sich Haufen von süßen Opfergaben auf. Ich versuche, vorsichtig meinen Weg zu finden auf dem schmutzigen Boden, auf dem überall halb tote oder rennende räudige Ratten herumkriechen oder -flitzen, während wir die Länge des Tempels entlanglaufen. Hinter der Altarwand ist es dunkel. Ich sprinte förmlich zur anderen Seite, während Ratten um mich herumhuschen. Es ist eine gespenstische Szene, und ich wage erst wieder zu atmen, als ich außerhalb des Tempels stehe. Ich muss mich setzen. Mir ist so schlecht. Nicht nur körperlich, sondern vielmehr seelisch. Wenn ich die halbwüchsigen Kinder mit betenden Händen dastehen sehe, und die Männer und Frauen, die andächtigen Blickes wieder herauskommen aus diesem „Gotteshaus", dann schmerzt mein Herz.

Abends stelle ich unserem Leiter Fragen über seinen Glauben. Ich habe ihn beobachtet. Meistens steht er abseits, wenn er uns nicht gerade einen Tempel erklären muss. Ich habe den Eindruck, dass er selbst kein gläubiger Hindu ist. Später kommt eine Gruppe von sechs anderen dazu, darunter auch der blonde Hamburger, der erklärtermaßen Muslim ist. Er hört, wie ich Fragen stelle und aus meiner christlichen Überzeugung heraus spreche, und greift mich hart an. Ich frage ihn, wie es dazu gekommen ist, dass er Muslim wurde, und er nimmt das zum Anlass, den christlichen Glauben schlecht zu machen. Wirklich kennen gelernt oder sich auf den Gott der Bibel eingelassen hatte er sich allerdings nie. Äußerlich gesehen stehe ich ziemlich allein da. Viele aus unserer Gruppe finden diesen Götzendienst wie hier im Rattentempel wohl etwas exotisch, aber dennoch höchst interessant. Und die anderen Tempel waren doch einfach wundervoll! Und wie andächtig die Menschen ihre Götter verehren, da könne man doch etwas von lernen, höre ich. Der ältere Herr, der schon öfter in Indien war, fragt, wo er denn einen Elefantengott kaufen könnte, der fehle ihm noch.

Mich stört, dass wir nur über ziemlich oberflächliche Eindrücke und Stimmungen reden. Ich fühle mich gedrängt, etwas Persönlicheres zu sagen, und berichte, wie ich zu Jesus gefunden habe und was das für mein Leben bedeutet. Damit ist die Konfrontation zu Ende. Einige Frauen nicken mir zu, auch der Hamburger schluckt seinen Widerspruch herunter.

Für mich ist es wichtig zu erfahren, wie ein Inder denkt. Unterwegs habe ich bei verschiedenen Verkaufsständen unter all den verschiedenen Götterbildern, die man dort erwerben konnte, auch Bilder von Jesus entdeckt. Als ich Gadjenta daraufhin anspreche, erklärt er mir, dass es jedem selbst überlassen sei, welchen von den tausend oder mehr Göttern er als seinen Lieblings- oder Familiengott auswählen möchte. Darunter könne auch Jesus sein oder eben der Elefantengott oder andere. Jeder habe das Recht auf seinen Gott, darum brauche man sich doch über Religion nicht zu streiten. Einen Ausschließlichkeitsanspruch gäbe es auf diesem Gebiet einfach nicht. Wenn ich also an Jesus glauben will, dann ist das für ihn in Ordnung. Aber dass es für mich ganz natürlich ist, ihn mit Jesus bekannt zu machen, das ist ihm fremd. Ich merke wieder einmal, dass ich die guten Erfahrungen mit dem Gott der Bibel letzten Endes nur bezeugen kann. Also spreche ich von dem, was ich persönlich erfahren habe: wie dieser Gott mein Inneres anspricht, dass ich gemerkt habe, dass ich diesem Gott vertrauen kann. Und dass ich ihm deswegen glaube, wenn er sagt, dass Jesus und nur Jesus „der Weg, die Wahrheit und das Leben“ ist. Das habe ich erlebt. Und das kann jeder Mensch selbst erleben, wenn er sich auf Jesus einlässt. Das kann ich schlicht und einfach erzählen. Nicht mehr und nicht weniger. Und das ist vielleicht viel mehr als jedes gute Argument. Die eigentliche „Überzeugungsarbeit“ bei einem Menschen muss wohl doch immer noch Gott selbst leisten!

Drei Tage lang bin ich krank und schleppe mich herum. Wir halten in einer Wüstenstadt bei einem großen Reservoir. Ich beobachte, wie eine Frau einen großen Wasserbehälter aus Messing vom Kopf nimmt, ein Stückchen Gaze über die Öffnung hält und beginnt, das schmutzige Wasser des Reservoirs in den Behälter zu schöpfen. Dann hebt sie die schwere Last wieder auf den Kopf und macht sich auf den Heimweg. Ich hoffe, sie braucht das Wasser nur zum Waschen. Wie könnte jemand diese Brühe trinken und nicht sofort todkrank werden! Später sehen wir eine Wasserstelle, aus der eine riesige Kamelherde trinkt, dann geht es weiter zu einer Besichtigung.

Ich kann den Jain-Tempel vor uns nicht besuchen, denn mir ist immer noch schlecht, und ich fühle mich schwach. Also setze ich mich draußen hin und warte auf die anderen. Währenddessen sehe ich eine Gruppe indischer Studentinnen aus Bombay. Sie benehmen sich und sehen in ihrer westlichen Kleidung aus wie amerikanische Studenten und ziehen verdrießliche Blicke des Tempelwärters auf sich, der sie dazu anhält, ihre Tennisschuhe auszuziehen. Sie kichern, aber ihre unbekümmert laute Art wird doch etwas gedämpfter. Welche Welten prallen hier aufeinander! Das alte und das moderne Indien. Tradition und westlicher Einfluss. Wie wird diese Spannung in der Gesellschaft wohl gelöst werden?

Die nächsten Tage verbringe ich meistens mit Schlafen und Sitzen im Bus. Ich gehe kaum raus, bis auf einmal, als wir mitten in der Wüste halten und durch staubigen Sand laufen, um ein kleines Dorf zu besuchen. Die Einwohner sind erstaunt über den unerwarteten Besuch, aber laden uns höflich ein, einen Blick in ihre von Lehmmauern umgebenen Häuser zu werfen. Die junge Familie mit einem neuen Baby, die ich besuche, verdient ihren Unterhalt mit selbst gewebtem rauen Material, aus dem später vielleicht Säcke gefertigt werden. Alles Handarbeit für ein paar Rupien. Wie können sie hiervon leben? Es ist mir ein Rätsel. Trotzdem, die Leute sehen sauber aus und scheinen genug zu essen zu haben, obwohl in dieser Wüstengegend kaum etwas wächst. Unser Reiseleiter macht sein Versprechen wahr: Wir sehen etwas von Indien, das den meisten Touristen sicher verborgen bleibt.

Nachdem es mir nicht besser geht, gibt mir der blonde Hamburger ein starkes Medikament, und danach komme ich wieder auf die Beine. In Jodhpur fahren Gadjenta und ich mit einem Dreirad-Taxi zum Touristenbüro, um meinen Flug umzubuchen. Ich fliege nach drei Wochen nämlich nicht mit der Gruppe zurück, sondern führe wie erwogen meine Indienreise alleine weiter. Als wir in das Büro eintreten, ist es dunkel – es gibt gerade keinen Strom, und das Telefon ist tot. Wir können nichts ausrichten und kehren wieder zurück. Das ist ein ungewohntes Gefühl, so abgeschottet zu sein von der übrigen Welt, keine Möglichkeit zu haben, jemanden zu erreichen oder erreicht zu werden.

Dann geht's weiter mit dem Bus, und zwar zu einem der größten Maharadja-Paläste, gebaut in den dreißiger Jahren. Als wir die Stufen herauflaufen, kommt uns gerade der Maharadja entgegen: ein modern gekleideter, etwa vierzigjähriger gut aussehender Mann. Er steigt in seinen 280er-SL-Mercedes, der ihn neben dem stolzen Preis noch die üblichen dreihundert Prozent Einfuhrsteuer gekostet haben dürfte – er repräsentiert quasi die andere Seite von Indien.

Der riesige Palast hat einen Dom, der ungefähr sechzig Meter hoch ist. Auch hier ist ein Teil des Palastes zum Hotel gemacht worden. Wahrscheinlich hat meine reiche Freundin hier übernachtet. Wir fühlen uns wohl bei unserem Besuch in den weitläufigen kühlen Räumen und Gängen, durch die uniformierte Bedienstete huschen. Doch, Reichtum hat schon seine Reize, und wir können sie hier einmal genießen, selbst wenn wir als Economy-Reisende diese Paläste nur für eine Besichtigung erleben.

Dann geht es mit unserem Bus in die Stadt. Wir halten, und alle aus unserer Gruppe laufen durch die geschäftige Marktstraße. Jeder geht seinen Weg, schaut sich um, nimmt die Atmosphäre auf, kauft kleine Mitbringsel. Ich wage es – und gehe allein durch den hektischen Verkehr: Inzwischen habe ich mich daran gewöhnt. Ich nehme die bunte Szene um mich herum bewusst wahr, bleibe stehen und sehe dann, wie ein älterer Mann sich auf offener Straße hinhockt und sich von einem wenig Vertrauen einflößenden, bärtigen Mann an den Zähnen herumstochern lässt. Ein Stück weiter sitzt einer auf dem Boden, und ein anderer holt ihm mit einem kleinen Gerät das Ohrenschmalz aus den Ohren. Da gehe ich lieber schnell weiter.

Am nächsten Morgen um sieben Uhr machen wir uns wieder auf den Weg. Nach weiteren Tempelbesichtigungen halten wir zu Mittag bei einer Mango-Plantage, die dem Maharadja von Jodhpur gehört. Das hier ist ein bezaubernder Platz. Wir werden empfangen mit einer Tika – das ist das indische Wort für den roten Punkt, der uns auf die Stirn gemalt wird – , mit Blumen und Musik. Eine große, bettartige Schaukel schwingt an einem alten Mangobaum. Ich lege mich darauf, schaukle ein bisschen und blicke in das Blätterdach über mir. Irgendwie werden meine Träume von Indien doch wahr. In Ausschnitten erkenne ich es wieder, dieses Bild, das sich in mir formte und den Wunsch weckte, dieses Land einmal kennen zu lernen. Die friedliche Natur, die alten großen Bäume und die sanften Menschen hier lassen mich das innere Gleichgewicht wieder finden, das ins Wanken gekommen war.

Nach dem Buffet im Freien schaukle ich wieder und gebe mich meinen Träumen hin. Es ist so still und harmonisch hier. Doch irgendwann heißt es weiterfahren.

Den ganzen Nachmittag verbringen wir im Bus, unermüdlich das Chicken-Spiel wiederholend – bis plötzlich alles halten muss. Ein Lastwagen, mit Schrott beladen, hat sich wie ein müdes Tier auf einer schmalen Brücke auf die Seite gelegt, und an beiden Enden der Brücke haben sich lange Kolonnen von Lastwagen gebildet. Viele Fahrer haben sich an der Unglücksstelle versammelt, gestikulieren und reden in Grüppchen miteinander. Ein mutiger LKW-Fahrer versucht, von der anderen Seite um den umgestürzten Lastwagen herzufahren. Zentimeterweise fährt er vor und zurück, aber gibt dann auf, als er sieht, dass wirklich kein Durchkommen ist. Die Brücke ist zu schmal.

Ich laufe an all den Wagen entlang, von denen die meisten bemalt und mit Sprüchen versehen sind. Einen Spruch fotografiere ich: „Pasengers not aloud“ („Passagiere nicht laut“) steht da in holprigem Englisch, statt „No passengers allowed“ („Mitnahme von Passagieren nicht erlaubt“). Ich muss schmunzeln: Wer will denn auch schon laute Passagiere erlauben? Wir setzen uns an den Straßenrand. Es ist heiß, und nichts geschieht, eineinhalb Stunden lang. Es wird langsam dunkler. Von der anderen Seite kommt ein LKW mit verderblichem Gut. Dieser Fahrer muss einfach weiterkommen. Obwohl er der Letzte in der Kolonne ist, läuft er an die Spitze und dirigiert die Anderen, und sie schaffen nun den Schrott von der Straße. Plötzlich ist eine enge Bahn geschaffen, und langsam kommt der Verkehr wieder in Gang. Wie immer braucht es eine Person, die Verantwortung und hier damit auch das Kommando übernimmt. Offenbar warten alle auf diesen einen, und zwar mehr oder weniger untätig, vielleicht auch unfähig, das Problem selbst zu lösen. Wenn der richtige Mensch dann kommt, helfen alle mit. Doch vorher nicht. So, wie es aussieht, gibt es wenig Eigeninitiative. Und ich überlege, inwieweit das mit den allgemeinen Lebens- und Glaubensvorstellungen zu tun hat, von denen unser Gadjenta Singh erzählt hat.

Am nächsten Abend laufen wir mit vielen hundert Indern zu einem Aussichtspunkt, wo man den Sonnenuntergang besonders gut sehen kann. Es ist ein regelrechtes Großereignis. Kinder werden auf die Schultern genommen, und eine andächtige Stille umfängt die Menge, als wir die letzten Sekunden der untergehenden Sonne erleben. Es ist ein schöner, aber eigentlich ein ganz und gar unspektakulärer Sonnenuntergang. Bei mir werden Erinnerungen wach an archaische Sonnenkulte, von denen ich gelesen habe. Aber warum sollte man in diesem Land, das von Hitze und Trockenheit fast zerstört wird, die Sonne anbeten?

Unterwegs begegnet uns eine Nomaden-Karawane. Die Kamele tragen große Körbe, in denen der gesamte Besitz verstaut ist. Die Frauen und Männer gehören zu einem Volksstamm, der sich im Aussehen von den Indern der Umgebung hier unterscheidet. Sie laufen neben ihren Lasttieren her. In den Körben schaukeln kleine Kinder, die uns aus großen Augen von oben betrachten. Neben ihnen liegen neugeborene Zicklein, die noch nicht so schnell laufen können. Wohin zieht die Karawane in dieser Wüstengegend? Die Frauen blicken uns forschend und ernst an. Ich bin fasziniert und versuche, sie nicht anzustarren und die Gruppe unauffällig von weitem zu fotografieren. Es ist eine so malerische Szene, die an biblische Zeiten erinnert, dass ich gerne ein Bild davon machen möchte. Wenn ich Menschen aufnehme, dann allerdings nur aus der Ferne mit dem Teleobjektiv. Denn ich würde auch nicht von anderen zum exotischen Objekt herabgewürdigt werden wollen, das man ohne seine Erlaubnis einfach einfängt. Mit dem entsprechenden Abstand empfinde ich das anders – aber ist es auch anders? Vielleicht hat damit auch der Glaube bestimmter Völker zu tun, dass mit einem Foto auch die Seele eingefangen wird. Jedenfalls möchte auch ich nicht einen Fotoapparat direkt vor das Gesicht gehalten bekommen oder zumindest gefragt werden, ob ich meine Zustimmung zu einem Bild gebe. Andererseits wird daraus in manchen ärmeren Gegenden auch schnell ein Geschäft, wie wir es früher einmal erlebten, als man für jedes Foto ein „Bakschisch" erwartete.

Über einem Tal sehen wir eine Gruppe Geier kreisen. Einige sitzen auf dem Aas irgendeines Tieres und streiten sich flügelschlagend um die besten Bissen der Beute. Warum sehen die Geier eigentlich so hässlich aus? Ihre Aufgabe als Sanitätspolizei ist ja auch nicht die angesehenste. Da hätten sie eigentlich schon etwas schönere Hälse und Köpfe haben können. So sind sie uns unheimlich bis widerlich – während wir die Adler, von denen sie sich mehr oder weniger nur durch ihren federbedeckten Hals unterscheiden, als Sinnbild großer und starker Nationen verehren. Das Gleiche gilt für die Hyänen. Auch sie wirken auf uns durch ihren Kopf, ihren nach hinten abfallenden Körperbau und ihr Geheul abstoßend. Dabei tun sie nur das, wozu sie geschaffen wurden, und erfüllen eine für die Lebenden wichtige Aufgabe, indem sie die Totengräber sind. Und wir verachten sie.

In einer Stadt nehmen wir an einer Buja-Zeremonie in einem Hindu-Tempel teil. Eine Mitreisende kauft gelbe Blumenketten für alle Frauen aus der Gruppe und legt sie uns um den Hals. Im Tempelgebiet sehen wir eine große, goldene Statue eines liegenden Stiers – oder ist es das Goldene Kalb der alten Israeliten? Es kommt mir genauso vor, als ich die Menschen beobachte, die den vorderen Fuß des Tieres ehrfürchtig küssen und dann Münzen in eine Schale werfen. Alle tragen gelbe Blumenketten. Eine komplette Schulklasse in blau-weißen Uniformen kommt herein, alle Kinder verbeugen sich und küssen das Goldene Kalb.

In einer anderen Stadt versuche ich, in einer Bank einen Reisescheck einzulösen. Dort herrscht ein heilloses Durcheinander. Vor mir sehe ich halb geöffnete Schränke, voll gestopft mit langen Kontoheften, oben auf den Schränken aufgetürmte Bücher, kreuz und quer. Wie kann man in diesem Chaos überhaupt etwas finden? Dutzende von Männern sitzen herum, offenbar ohne viel zu tun. Ich warte, und meine Geduld wird einigermaßen strapaziert. Den Scheck einzulösen scheint ein Staatsakt zu sein, und es nimmt immerhin eine geschlagene halbe Stunde in Anspruch, bis ich mit dem Geld wieder auf der Straße stehe. Und es hätte sicher noch um einiges länger gedauert, wenn ich nicht irgendwann tief durchgeatmet und mich durchgesetzt hätte: Mehrere Male, wenn ich an der Kasse an der Reihe war, schob mich einer der „Herren“ hinter mir einfach zur Seite und wurde sofort bedient. Nachdem dasselbe immer wieder passiert war, gebrauchte ich mit dem Mut der Verzweiflung meine Ellbogen, erhob einigermaßen entrüstet die Stimme und wurde daraufhin schließlich – herablassend – bedient. Ich war ja nur eine Frau!

Meinen Flug kann ich leider immer noch nicht bestätigen. Diesmal gibt es im Reisebüro Strom, aber die Telefongesellschaft streikt. Wieder keine Möglichkeit der Kommunikation mit der Welt, die auf einmal so weit draußen und unerreichbar scheint. Was wäre wenn ... Meine Fantasie geht in diesem Moment mit mir spazieren. Am besten denkt man wohl nicht weiter darüber nach. Doch es ist eine Situation, die Ängste wecken kann. Wie kann man so abgeschnitten sein in einem fremden Land, dass nicht einmal eine Fluglinie erreichbar ist, geschweige denn Freunde? Was wäre, wenn mir etwas zustoßen würde und kein Mensch erführe davon? Es ist die uralte, kindliche Furcht vor dem Verlassensein, die da ihr zittriges Haupt erhebt, selbst inmitten von vielen Menschen. Aber sie sind eben nicht deine vertrauten Menschen, die dir Geborgenheit vermitteln, sondern Fremde. Jedenfalls regt sich in mir ein ungutes Gefühl, hervorgerufen durch die demütigende Behandlung in der Bank und die Unmöglichkeit, ganz gewöhnliche Geschäfte zu tätigen.

Doch dann machen wir kurz darauf wieder ganz andere, gute Erfahrungen und erleben viel Schönes. Die Stadt Akra ist einer der Höhepunkte der Tour. Um kurz nach sechs am Morgen sind wir schon auf den Beinen, um das Taj Mahal im Licht der aufgehenden Sonne zu bewundern. Nur Wenige sind zu dieser frühen Stunde dort, um das einmalig schöne Bauwerk zu besichtigen. Wir sehen, wie die rosafarbenen Strahlen der Morgensonne die weich gerundete, nach oben etwas zugespitzte Kuppel verzaubern, sie aus dem Grau des Morgens heben und in ein warm leuchtendes Rosa tauchen, das sich langsam in Goldgelb und dann in strahlendes Weiß verwandelt. Wir sitzen andächtig da und betrachten das Schauspiel. Später hören wir dann innen, wie ein Wächter singt – und das Echo in Wellen von den Wänden zurückgeworfen wird. Am Abend bei Sonnenuntergang sehen wir dieses Lichtspiel noch einmal, diesmal in anderer Richtung. Jetzt sind viele Menschen dort und spazieren entlang der Wasserstraßen, in denen sich das Bauwerk spiegelt. Indische Schulklassen, Touristenbusse, Alleinreisende, alles versammelt sich um dieses Wahrzeichen Indiens.

Gadjenta erzählt uns die Geschichte dieser großen Liebe. Am Hof des Herrschers Akbar, der den Hinduismus besiegt hatte und Mitte des sechzehnten Jahrhunderts den Islam einführte, verkaufte ein junges Mädchen den Hofdamen Silberschmuck. Akbars Enkel sah die Schöne und verliebte sich in sie. Er heiratete sie, als sie vierzehn Jahre alt war, und dann zeigte er ihr seine Liebe, indem er sie in einen fortwährenden Schwangerschaftszustand versetzte. Die Arme gebar ein Kind nach dem anderen, vierzehn an der Zahl, worauf sie in erschreckend jungen Jahren starb. Und das ist die große Liebe, von der heute noch geschwärmt wird?! Ich merke, in diese Welt und Denkweise kann ich mich nur schwer hinein versetzen.

Trotzdem hat Sha Jahan mit diesem Bauwerk für seine Frau mit den vier Türmen und der hoch aufragenden Kuppel etwas von überwältigender Schönheit geschaffen: ein Juwel, das durch seine Harmonie und Ausgewogenheit heute genauso in seinen Bann zieht wie zur Zeit der Entstehung. Doch dafür sollte der Bauherr später büßen, wie wir erfahren, weil er den gesamten königlichen Schatz für dieses Monument verschwendet hatte: Sein eigener Sohn ließ ihn in das Red Fort bringen, wo er unter Hausarrest stand und nur von weitem sein Taj Mahal sehen konnte.

Am Ende unserer Rundreise im Land meiner Kinderträume finden wir uns wieder in Delhi ein, im selben Hotel, im selben Zimmer. Dieses Mal erscheint uns alles viel luxuriöser als vor drei Wochen. Vor allem: Alles funktioniert! Und das Essen ist ausgesprochen gut und angenehm gewürzt. Am letzten Morgen bekomme ich dann endlich die Bestätigung, dass für mich ein

Platz für den Flug nach Madras vorgemerkt ist. Vorher war es mir nirgends möglich, mit der Fluggesellschaft Kontakt aufzunehmen, aber es hat trotzdem geklappt. Wunderbar!

Am Nachmittag möchte ich wieder einen Reisescheck einlösen. Diesmal bei American Express. Über zwei Stunden harre ich in einer Schlange aus und warte, bis ich kaum noch stehen kann. Eine große Gruppe von Analphabeten will nach Pakistan reisen. Das dauert, denn der Angestellte muss für jeden die Formulare ausfüllen und sie dann von den Einzelnen mit deren Fingerabdrücken unterzeichnen lassen. Für mich eine kleine Lektion in Geduld.

Nach herzlichem Abschied von Gadjenta und allen Mitreisenden bin ich die Erste, die zum Flugplatz fährt. „Ab jetzt bin ich wirklich auf mich allein gestellt“, denke ich, und werde im selben Moment daran erinnert, dass das nicht ganz stimmt. Schließlich habe ich – wie versprochen – nach wie vor Gott an meiner Seite. Hm. Ob das wirklich im Alltag zu erleben sein wird? Wenn ich es wissen will, muss ich es wohl einfach ausprobieren!

Um neun Uhr abends komme ich in Madras in Südindien an. Alles ist nass und die Luft ist schwül, denn wir sind mitten in der Zeit des Monsuns. Welch ein Kontrast! Aus der trockenen Wüstengegend ist ein grünes Land geworden, das an nichts so viel Überfluss zu haben scheint wie an Wasser. Ein Taxi fährt mich zum Hotel, das Gadjenta empfohlen hatte. Nach dem Einchecken geht es mit Taxi direkt zum Büro von Air India, um das Anschlussticket nach Singapur zu buchen. Aber es ist die alte Geschichte: Der Computer ist abgestürzt. Ich muss noch einmal wiederkommen. Also erst einmal zurück zum Hotel.

Heute ist hier in Madras ein Feiertag. Die Glücksgöttin

Divali wird verehrt, und wie es scheint, ist sie für viele die Lieblingsgöttin. Kein Wunder, denke ich, wer möchte nicht auf der Seite des Glücks stehen?

Auch an die Gäste hat man beim Fest gedacht: Auf meinem Hotelbett liegt ein süßer Gruß von Divali. Trotz des lauten Feuerwerks, das die ganze Nacht dauert, schlafe ich wie eine Tote.

Erfrischt wache ich auf. Es ist Sonntag. Ich versuche, aus dem Fenster zu sehen. Aber es ist beschlagen wie ein Badezimmerspiegel nach einer heißen Dusche. Draußen herrscht eine hohe Luftfeuchtigkeit, und die ganze Nacht hat es geregnet. Heute will ich Rinie besuchen, die in Nellore auf einer Missionsstation arbeitet. Sie ist Holländerin, und wir haben uns bei einer Konferenz in Amsterdam kennen gelernt und angefreundet, wo wir beide als Stewards arbeiteten und das Zimmer teilten. Nellore ist ziemlich weit entfernt – aber wann bin ich überhaupt schon einmal so sehr „in der Nähe"? Ich habe Geschenke für sie und hatte ihr geschrieben, dass ich sie besuchen würde auf meiner Reise. Aber bisher habe ich es dank der schlechten Kommunikationsmöglichkeiten nicht geschafft, sie zu erreichen und ihr meine genaue Ankunft mitzuteilen. Ich muss es also einfach so versuchen.

Ich kaufe für zweiundzwanzig Rupien (knapp vier Mark) einen Fahrschein für die vierstündige Bahnfahrt und laufe auf der Suche nach einem Platz am ganzen Zug entlang. Dann wird mir gesagt, dass ich in einen anderen Zug steigen muss. Ich gehe wieder zurück und finde einen Sitzplatz an einem Fenster mit Holzbeschlägen statt Fensterglas. Ich wische die Regentropfen von der hölzernen Sitzbank und setze mich. Endlich bin ich auf dem Weg nach Nellore. Neben mir und gegenüber sind bald alle Plätze belegt. Und nicht nur dort: Über mir, auf dem Gestell, das ich nur als Gepäckablage kenne, liegt ein hustender junger Mann lang ausgestreckt und raucht. Ich blicke durch die mit Holzleisten verschlagenen Fenster, während wir durch die grüne Gegend fahren. Die hohe Luftfeuchtigkeit lässt einen die Temperaturen so anders empfinden als die trockene Wüstenluft der letzten Wochen. Sie sorgt dafür, dass alles an einem klebt – da ist der Fahrtwind erfrischend.

Ein Junge läuft durch den Zug und ruft in einem fort „Äpfel, Äpfel“, und er wiederholt es in einem Singsang wie ein alter Auktionator. Der junge Mann über mir kauft von ihm einen Apfel, voller Flecken und schmutzig. Der Junge schneidet ihn in vier Teile. Das macht eine Rupie.

Die Häuser der Armen, an denen wir vorbeifahren, sind einfach, aber schön (jedenfalls von Weitem betrachtet) mit dem Dach aus Palmblättern und den Seiten aus geflochtenen, grünen Matten aus Palmfasern. Die Leute sehen sauber aus. Kein Wunder bei dem vielen Wasser. Plötzlich sehe ich ein Gebäude mit einem aufgemalten Kreuz; bisher die erste Kirche auf unserer Fahrt. Wir haben Sonntagmorgen. Überall wird Gottesdienst gefeiert, und ich sitze in diesem Zug. Erst um ein Uhr mittags werden wir in Nellore ankommen.

In Pomeri halten wir. Die Luft ist voller Schmetterlinge. Riesige Libellen schwirren umher. Die meisten Menschen sind dunkelhäutig. Schon bald geht es weiter. Ochsen pflügen das Land, sie sinken im Schlamm bis zur Hälfte ihrer Beine ein. Zwanzig oder mehr Bauern pflügen nahe beieinander. Das Vieh sieht wohlgenährt aus. Ich denke an die armen Kühe in den Wüstenstädten, die ich vor Abfallhaufen mit Plastik im Maul fotografiert habe. In einem reisfeldgroßen Teich tummeln sich viele Enten. Die Palmen sind alle getrimmt, sie haben Baumaterial für die Hütten geliefert. Ich entdecke noch eine Kirche, auf einem offenen Feld. Einige Leute stehen an der Tür.

Da berührt etwas meine Füße. Ich blicke hinunter und schaue in die Augen eines jungen Mädchens, das auf den Knien rutscht. Es sagt etwas zu mir. Ich hebe meine Füße hoch, und es fegt mit einem Reisigbesen den Boden unter der Bank. In seiner schmutzigen anderen Hand hält es eine Spielkarte, einen Joker. Eine Unberührbare. Sie rutscht und fegt, und kommt dann wieder zu mir. Sie will Geld, und ich gebe ihr einige Rupien. So wie es aussieht, will sie mehr. Wie viele Arme scheint sie in jedem Fremden eine Quelle unendlichen Reichtums zu sehen – aber ich bin nicht reich ... und im Vergleich zu ihr bin ich doch reich. Immerhin kann ich in ein fremdes Land reisen. Doch selbst mit den besten Vorsätzen, den Armen zu helfen, kommt man als Einzelner schnell an seine Grenzen. Ich habe jedenfalls einige neue Fragen in mir.

Die nächste Station ist ein Umsteigebahnhof, Gudur Junction. Der Zug wird zum Tollhaus. Dutzende von Männern und Jungen springen auf den einfahrenden Zug und schreien so laut sie können, um ihre Esswaren und Getränke anzupreisen. Jeder wiederholt unentwegt immer nur ein einziges Wort: „Coffee. Coffee!“ mit lang gezogenem I, oder „Tea, Tea“, wie ein Vogel, der nur eine Silbe singen kann. Ein ohrenbetäubender Chor schrecklich lauter Stimmen. Sie hören einfach nicht auf, als wollten sie mit der Gewalt ihrer Stimmbänder die Kunden zum Kauf zwingen. Ich stehe auf. Ein Mann isst etwas, das aussieht wie ein Veggieburger mit Soße, serviert auf Blättern statt auf Tellern oder Wegwerfschachteln. Als er fertig ist, landen die Blätter neben den Schienen. Auf jeden Fall ein besseres System als das mit den Massen an künstlichem Müll wie bei MacDonalds.

Ein kahl geschorener Passagier in Lendentuch und Hemd, zwei weiße Streifen auf Stirn und Nase, steigt aus, um Kaffee zu kaufen. Ein Junge macht wie ein blökendes Schaf immer nur „Tä, tä“, immer und immer wieder. Ein anderer will Kinderrasseln und Holzspielzeug verkaufen, der nächste Kekse. Jemand hustet und spuckt direkt vor meinem Fenster aus. Jeder Verkäufer trägt seine Waren auf einem kleinen um den Hals gehängten Bauchladen herum. Einige haben ihre Stirn weiß bemalt und mit gelben und roten Punkten versehen. Eine saubere, entschlossen wirkende Frau kehrt den Bahnsteig. In ihrem schwarzen Haar trägt sie über ihrem Zopfknoten eine gelbe Blume. Richtig, die Glücksgöttin Divali wird ja noch gefeiert.

Nach knapp einer Stunde setzt sich der Zug wieder in Bewegung. Ein Vater mit seinen zwei Kindern legt sich gegenüber von mir zum Mittagsschlaf auf die Bank. Der kleine Junge trägt einen goldenen Ohrring auf der Höhe der linken Ohrmuschel. Das kleine Mädchen klettert auf die Ablage und blickt auf mich herab. Wenn ich sie anlächle, erwidert sie es mit einem schüchternen Lächeln.

Endlich erreichen wir Nellore. Ich spreche den Bahnbeamten an und zeige ihm Rinies Adresse. Er sagt: „Das ist nicht weit, dorthin kann man zu Fuß gehen." Die Rückfahrt soll kurz vor vier Uhr nachmittags sein, also habe ich etwa drei Stunden Zeit. Ich laufe neben den Schienen her und dann einige Treppen hinunter auf eine matschige, befahrene Hauptstraße. Die wartenden Rikscha-Fahrer sehen mich entgeistert an, als ich an ihnen vorbei marschiere. Ich finde die Missionsstation, gehe in die Kirche, in der der Gottesdienst gerade zu Ende gegangen ist, und zeige meine Karte mit Rinies Adresse. Eine Gruppe junger Männer spielt auf modernen Instrumenten schnelle Musik. Zwei Männer stehen am Altar und zählen die Kollekte. Sie türmen die Münzen zu hohen Säulen auf. Ein junger Mann begleitet mich über einen weiten Hof in ein dahinter liegendes Haus. Jetzt werde ich Rinie überraschen!

Zwei Frauen begrüßen mich. „Haben Sie nicht das Telegramm bekommen, das wir nach Madras geschickt haben?", fragen sie. „Nein, was für ein Telegramm?" Ich bin verwirrt. Wir lachen, als sich alles aufklärt. Sie denken, ich sei Rinie, die aus Madras hierher kommen soll, um mit ihnen zu arbeiten. „Aber sie gab mir diese Adresse hier", sage ich und deute auf meine Karte. „Ja, eigentlich sollte sie schon hier sein, aber wir hatten ihr telegrafiert, dass sie erst nächste Woche kommen soll." Rinie ist also in Madras. Da habe ich die ganze Reise umsonst gemacht! Eine der beiden Frauen, die akzentfreies Englisch spricht, sieht meine Enttäuschung und entwickelt sich plötzlich zu meiner Gastgeberin. Sie bringt mir eine Flasche mit etwas zu trinken, setzt mich unter den Ventilator, fragt, ob ich ein Bad nehmen möchte. Nach dieser Reise möchte ich nur schnell meine Hände waschen.

Dann führt mich die freundliche Frau durch den großen

Raum mit einigen Betten, in dem ein Regal steht, das eine Art Kochecke abteilt. Hinter der Toilette – einem Loch im Boden – kommen wir durch eine vollgestellte Diele in das „Badezimmer“, ein Kabäuschen, in dem eine Schüssel mit Wasser und ein Plastikeimer stehen. Sie gibt mir ein Schöpfgefäß, und ich gieße das erfrischende Wasser über meine Hände, nehme Seife, dann schöpfe ich wieder Wasser. Schließlich nehme ich im „Wohnzimmer“ Platz. Sie wärmt hinter dem Regal etwas Reis und Lammfleisch für mich auf, und zum Nachtisch bringt sie mir einen Apfel. Ein kleines Mädchen und ein Junge stehen dabei und sehen zu, wie ich esse. Sie lächeln mich an.

Auf meine Fragen hin erzählt Lela, meine spontane Gastgeberin, ihre Geschichte. Lela wurde von einer amerikanischen Baptisten-Missionarin und ihrer Mitarbeiterin adoptiert und wuchs in Los Angeles auf. Sie wurde eine talentierte Konzertpianistin, konnte eine Ausbildung an der Kunstakademie Boston machen und studierte auch an der Sorbonne in Paris. Daneben „jobbte“ sie eine Zeit lang als Nachrichtensprecherin bei NBC und CBS. Und jetzt ist sie wieder hier, mitten in Indien. Wie das kommt, will ich natürlich von ihr wissen. Sie erzählt, wie sie ihren Mann kennen lernte, dass die Rückkehr nach Indien und eine Liebesheirat folgten und sie vier Kinder bekamen. Dann starb ihr Mann vor sechs Jahren. Er war Polizist und wurde nur zweiundvierzig Jahre alt. Sie selbst ist inzwischen achtundvierzig und hat ergrautes Haar. Ihre älteste Tochter ist ebenfalls schon gestorben, bei der Geburt ihres Kindes. Lela und ich fühlen uns schnell zueinander hingezogen.

Dann wird es irgendwann Zeit zu gehen. Lela kleidet sich in einen frischen Sari, ich nehme noch ein paar Fotos auf, und wir setzen uns in eine Rikscha, um zum Bahnhof zu kommen. Der Mann muss hart in die Pedale treten, um in den matschigen Straßen den Weg zurückzulegen. Es hat die ganze Woche geregnet, und heute ist der erste Tag, an dem zwischendurch die Sonne herauskommt. Es ist noch viel Zeit, bis der Zug kommt, und so suchen wir uns eine Bank auf dem Bahnsteig. Wir erzählen einander noch mehr aus unserem Leben, gerade so, als würden wir uns schon lange kennen. Da sehe ich einen Affen, der sich uns langsam nähert, und dieser kleine Affe bringt sie zu meinem Erstaunen in Panik. „Die springen dich an und kratzen dich!", stößt sie hervor. Sie ist abgelenkt. Als er noch näher kommt, steht sie voller Angst auf. Aber er kümmert sich nicht um uns und läuft weiter, wohl auf der Suche nach Essbarem.

Ab und zu spähen Lelas Augen ängstlich umher, wenn ein anderer Affe sich nähert. Wir sitzen beinahe eineinhalb Stunden dort und reden miteinander. Immer mehr entfaltet sich die Geschichte ihres Lebens. Ihre Schwiegermutter hatte ihr ein zweistöckiges Haus vererbt, aber ihr Schwager machte ihr das Leben darin zur Hölle. Voller Verzweiflung wandte sie sich gestern an den Pastor der Missionsstation. Und der ließ sie in der Wohnung übernachten, in der sie mich empfing. Über eins ist sie froh: Ihre drei Kinder haben eine gute Ausbildung machen können und wollen nach Amerika. Kein Wunder, wenn man diese Lebensumstände vergleicht! Eine Tochter hat allerdings Osteomyelitis, eine Krankheit des Knochenmarks, und sie musste bereits fünf schwere Operationen durchstehen. Im Dezember soll sie wieder operiert werden. Lela selbst ist herzkrank, kommt aber an wirklich gute Medikamente, die in Amerika hergestellt werden, nicht heran, sodass ich ihr anbiete, ihr welche zu verschaffen.

Inmitten der heruntergekommenen Umgebung und dem Schmutz sitzt sie und spricht über die Lethargie der indischen Leute, als sei sie selbst eine Fremde. „Das kommt von der Hitze und dem stark gewürzten Essen", erklärt sie. Ich war ehrlich gesagt überrascht gewesen, dass es selbst in einem christlichen Haus so wenig gepflegt aussah. Sie sagt, dass sie das Bedürfnis habe, sich dauernd die Hände zu waschen. Das verstehe ich. Auch ich habe diesen Drang, aus dem Gefühl heraus, dass fast alles, was man berührt, irgendwie nach Wasser und Seife schreit.

Ich schaue Lela an. Was für eine Vergeudung eines so talentierten Menschen! Ich möchte ihr helfen und weiß doch nicht wie. Sie schweigt einen Moment, dann sagt sie, dass sie erstaunt ist, weil sie sich so geöffnet hat und mir all ihre Probleme erzählt hat, über die sie sonst mit niemandem spricht. „Ich war so deprimiert heute", erzählt sie und schüttelt den Kopf, „und jetzt sitze ich hier und kichere mit dir wie ein junges Mädchen!" Wir lachen beide. „Du kannst bei mir wohnen", sage ich, „wenn du nach Kalifornien kommst."

„Für so eine Reise müsste ich erst eine Hypothek auf das Haus aufnehmen", sagt sie. Dann ergänzt sie: „Ist es nicht merkwürdig, dass ich ausgerechnet heute in diesem Haus war, als du kamst? Nur weil die Frau des Pastors nach Nellore gefahren ist und ihre kranke Schwester besucht hat, konnte ich hier übernachten. Vielleicht hat Gott das ja so geführt." Ich nicke. Also war es doch keine vergebliche Fahrt gewesen, sondern dazu gut, um dieser verzweifelten Frau etwas neuen Mut und Hoffnung zu geben. Dann versprechen wir, füreinander zu beten.

Als der Zug einfährt, umarmen wir uns wie Schwestern. Wie nahe man sich einem Menschen fühlen kann, den man nur drei Stunden lang kennen lernen konnte. Es ist die Verbindung durch den gemeinsamen Glauben, die diese Nähe schafft. Lela lächelt, während ich winke, aber das Lächeln ist mit Traurigkeit gepaart. Die Freiheit, die ich in ihren Augen verkörpere, und die ihr für kurze Zeit so nahe kam, entflieht nun wieder, und zurück bleibt das Gebundensein an die traurige Gegenwart. Ich möchte sie am liebsten herausreißen aus dieser Umgebung, ihr die Chance geben, ihre Gaben zu nutzen und ein frohes und erfülltes Leben zu führen – doch ich stehe nur da, winke und lächle.

Ich sitze in einem vollen Zug. Die Menschen fahren nach Feiertagsbesuchen wieder nach Hause. Das Divali-Fest ist wohl so etwas wie Weihnachten, wo man sich beschenkt. Draußen hat sich der Himmel verdunkelt, und die grauen Wolken verheißen Regen. Wird es durch die halb offenen Fenster hinein regnen? Die Luftfeuchtigkeit muss bald bei hundert Prozent liegen. Die Leute um mich herum lesen Hindu-Comics von Shiva und anderen Göttern. Ein Mann stößt dauernd monotone, wehklagende Laute aus, während er liest. Ein junges Mädchen mir gegenüber bietet mir Kekse aus einer Packung an. Ich nehme einen und bedanke mich. Sie lächelt freundlich. Sie hatte beobachtet, wie Lela und ich uns umarmten. Sie kann Englisch, und wir wechseln einige Worte.

Beim Umsteigebahnhof beherrschen wieder Durcheinander und Geschrei der Kaffee- und Teeverkäufer die Szene, aber glücklicherweise dauert es diesmal nur ein paar Minuten. Dann wechselt die Mutter des jungen Mädchens den Platz mit ihr, und wir beide beginnen miteinander zu reden. Sie reist mit Mutter, Vater und Tante nach Madras und ist schon seit zehn Uhr unterwegs. Sie ist schon eine Weile am College und studiert Chemie.

Ein junger Mann, der mir direkt gegenüber sitzt, ist entweder alkoholisiert oder steht unter anderen Drogen. Er benimmt sich unmöglich, ist laut und macht sich lächerlich. Als der Vater aufsteht und hinausgeht, stellt der junge Mann seine beiden nackten schmutzigen Füße rechts und links neben mich auf die Bank. Ich versuche es zu ignorieren, aber die Frauen werden ganz aufgeregt, und das junge Mädchen neben mir schimpft ihn aus. Zwei andere Frauen stimmen in das Schimpfen ein. Als der Vater wieder erscheint, geht das Gezeter weiter und hört nicht auf, bis der junge Mann sich unmutig in Bewegung setzt und die Szene seiner Demütigung verlässt. Dann erst sind alle sieben hier im Abteil froh und wieder ganz entspannt.

Ich rede weiter mit der Studentin. Sie gibt mir ihre Adresse, und auf Bitten des Vaters gebe ich ihr meine. Amerika! Das Land der Träume! Da muss man doch jede Gelegenheit nutzen, eine Verbindung dorthin zu gewinnen, wenn sie sich einem so unverhofft im Zug bietet. Alle strahlen. Das junge Mädchen will seinen Onkel in Amerika besuchen, wenn es mit dem College fertig ist, und da kann so eine Adresse recht nützlich sein. Die Mutter lädt mich ein, sie zu besuchen. Sie könnte mir ihre Felder und manches andere Sehenswerte zeigen. Der Vater ist Reisbauer. Der Rest der Fahrt ist angenehm, und wir sind um acht Uhr abends wieder in Madras.

Ich steige in ein Taxi und zeige die alte Adresse von Rinie. *Bald werden wir uns sehen!*, denke ich. Aber auf dem Weg bleiben wir erst einmal liegen. Der Fahrer öffnet die Motorhaube und nimmt eine Art Riemen heraus. Dann fährt er weiter – allerdings ohne Licht! Es ist immerhin schon dunkel draußen, und so fahren wir wie Geisterfahrer durch die belebten Straßen, kommen an einem Unfall vorbei, und verursachen fast selbst noch einen. Ich sitze mit verkrampften Händen mich festhaltend im Fond. Mein Herz schlägt bis in den Hals. Dann hält der Fahrer bei einer Tankstelle und möchte von mir dreißig Rupien. Nach zwei weiteren Stopps und einigen Nachfragen bei Passanten finden wir endlich das richtige Haus. Ich bin ziemlich müde, andererseits aber auch froh, überhaupt gut angekommen zu sein.

Eine Gruppe indischer Frauen kommt mir auf einer Außentreppe entgegen. Ich höre einen Schrei: „Yola!" Rinie hat mich entdeckt. Wir liegen einander in den Armen. Sie hat sich äußerlich von einer Holländerin in eine Inderin verwandelt. Schön sieht sie aus in ihrem gelben Sari. Endlich kann ich die Geschenke, die ich durch halb Indien getragen habe, abgeben. Und endlich können wir uns miteinander hinsetzen und erzählen und erzählen. Rinie arbeitet in einem christlichen Waisenhaus, das von einem Deutschen, der mit einer Inderin verheiratet ist, gegründet wurde. Auch in Nellore wird Rinie mit Kindern arbeiten. Irgendwann berichte ich ihr auch von meiner Begegnung dort, und sie verspricht, sich um die unglückliche Frau zu kümmern. Als ich aufbrechen will, wird mir ein junger Mann vorgestellt, der mich zum Hotel bringen wird. Er organisiert ein Taxi, und ich verabschiede mich wieder. Unterwegs lerne ich den jungen Mann etwas kennen. Er ist eigentlich Sportreporter beim Fernsehen, augenblicklich aber auf der Suche nach einem neuen Anfang. „Ich habe viele Reportagen gemacht", erzählt er mir, „bis man herausgefunden hat, dass ich Christ bin. Seitdem darf ich nicht mehr öffentlich in Erscheinung treten. Ich werde wie ein drittklassiger Mensch behandelt. In meiner eigentlichen Arbeit sehe ich inzwischen keine

Zukunft mehr für mich. Jetzt bemühe ich mich um einen Studienplatz für christliche Theologie in Amerika. Mal sehen, ob das klappt." Wieder der Wunsch nach dem Traumland. Zum dritten Mal an diesem Tag.

Plötzlich bleibt das Taxi stehen. Der Tank ist leer. Der Fahrer nimmt einen Behälter und verschwindet in der Nacht. Wir sitzen und unterhalten uns. Nach einer Weile erscheint der Fahrer wieder und hantiert unter der Fahrzeughaube. Aber es tut sich nichts. Wir warten. Ungeduldig steigt mein Begleiter aus, sagt einige ärgerliche Worte, der Fahrer steigt ein und startet den Wagen, nun geht es auf einmal. Erst spät komme ich wieder im Hotel an. Ich danke meinem Begleiter und kann ihm nur Standhaftigkeit und eine erfolgreiche Zukunft wünschen.

Als ich am nächsten Tag auf dem Weg nach Singapur wieder einmal hoch über den Wolken schwebe, lasse ich noch einmal die Erfahrungen der vergangenen Wochen vor meinem inneren Auge vorbeiziehen. Ein Gedanke steht vor allen anderen: Nie wieder will ich mich über irgendwelche nichtigen Dinge beschweren! Die Armut so vieler Menschen in Indien hat mich zu tief bedrückt. Im Vergleich dazu leben wir in Europa und Amerika ganz unverdient wie auf einer Insel der Seligen umgeben von einem Ozean voller Not. Wie wichtig sind da alle Ansätze von Hilfsprojekten, wie klein sie auch sein mögen und wie Wenige sie auch nur erreichen. Ich bin dankbar für die Ermutigung, die von diesen Menschen ausgeht, die sich einsetzen, um anderen zu einem besseren Leben zu verhelfen, oft genug unter persönlichem Verzicht und großen Opfern. Im Fernsehen hörte ich vor meinem Abflug, dass die Regierung das Ziel hat, bis zum Jahr 2000 jeder Familie ein Dach über dem Kopf zu verschaffen. Aber wie das bei diesem Bevölkerungswachstum möglich sein soll, das blieb in dem Bericht offen.

Als ich daran denken muss, bemerke ich an mir etwas Neues, das gar nicht zu meiner Persönlichkeit zu passen scheint, nach der ich immer irgendwo ein Stückchen Hoffnung sehen kann, auch in den Situationen, die äußerlich gesehen keinen Anlass zum Optimismus geben: Eine tiefe Hoffnungslosigkeit hat mich hier überfallen. Sicher hängt das zusammen mit den Rahmenbedingungen, unter denen die Menschen hier leben, die Religion und das strenge Kastensystem, das der Möglichkeit zu größeren Veränderungen widerstrebt. Solange die höheren Kasten die Macht haben, ein ganzes Volk in einer Art Knechtschaft zu halten, werden sich die meisten Freiheitsbestrebungen unterdrücken lassen. Oder es kommt einmal zum ganz großen Knall. – Trotzdem, ich hoffe, dass mein Eindruck, den ich ja in einer relativ kurzen Zeit gewonnen habe, nicht ganz zutreffend ist, und dass den Armen trotz allem Gerechtigkeit und Anerkennung widerfährt, dass ihnen dadurch ein Anreiz gegeben wird, die Armut zu bekämpfen. Dabei spielt natürlich die persönliche Überzeugung jedes Einzelnen eine entscheidende Rolle: Wenn das ganze Leben als vorherbestimmt angesehen wird, lähmt diese Sicht leicht alle Bestrebungen, Veränderung zu schaffen und Neues zu wagen. Und, viel schlimmer noch, sie nimmt auch die Verantwortung für den Nächsten, wie ich von Gadjenta erfuhr. Einmal fragte ich ihn, wie er damit leben könne, die Armut der Unberührbaren zu ertragen. Da antwortete er nur kurz: „Das haben sie sich doch selber zuzuschreiben durch ihr voriges Leben." So einfach kann das alles aussehen und dabei das Leben für viele so schwer machen.

Ich bin gespannt, welch eine Welt in Singapur auf mich wartet. Dort kenne ich bislang niemanden persönlich. In einer ruhigen Minute während des Fluges hole ich einen Zettel aus meiner Tasche, auf den mir der junge Sportreporter den Namen eines Hotels aufgeschrieben hat. Meine Sitznachbarin ist eine ältere Inderin in einem hellen Sari. Ich wende mich zu ihr und frage sie, ob sie dieses Hotel kennt. Sie nimmt meinen Zettel, liest und schaut mich dann fragend an: „Sind Sie

Christ?“ Ich bin erstaunt über diese Frage und sage: „Ja.“ Sie ist nicht zufrieden. „Sind Sie mit ganzer Überzeugung Christ?“, fragt sie noch einmal. „Ja, das bin ich“, antworte ich etwas verwundert. „Oh, wie froh bin ich!“, sagt sie. „Wie kommen Sie auf diese Frage?“, möchte ich natürlich wissen. Sie zeigt auf eine Adresse auf dem Zettel unter dem Namen des Hotels, das mein Begleiter mir als Anlaufstelle aufgeschrieben hatte. Dort steht der Name eines christlichen Institutes, erklärt sie mir. Ach so!

„Ich habe Gott nämlich gebeten, dass er mir jemanden schickt, der mir mit meinem Gepäck helfen kann. Ich wohne in Singapur, war zu Besuch in Indien und komme gerade aus dem Krankenhaus. Und ich fühle mich noch etwas schwach. Meine Tochter holt mich am Flugplatz ab.“ Ich versichere ihr, dass ich mich um ihr Gepäck kümmern werde. Sie erzählt mir, dass sie schon lange Witwe sei und ihre drei Kinder allein aufgezogen habe. Sie hat ihr Geld verdient, indem die ganze Familie Seidenblumen zusammensteckte. Sie ist mit lebendigen Christen zusammengetroffen und geht jetzt in eine Pfingstgemeinde. Dann holt sie eine Bibel mit Großdruck hervor, und wir lesen gemeinsam einen Psalm.

Als wir auf dem modernen Flugplatz landen, geht es meiner Nachbarin Mary nicht gut, ihre Ohren schmerzen, und sie spürt ihre Arthrose im Knie. Langsam laufen wir dem Ausgang zu. Bei der Ankunft wartet eine Gruppe von Frauen und Kindern auf sie. Sie stellt mich ihrer Tochter vor, einer schlanken, graziösen Schönheit im modischen Outfit, die mich sofort einlädt, sie während meines Aufenthaltes zu besuchen. Hier hat man offenbar gerne Gäste aus dem Ausland! Ich erhalte ihre Telefonnummer und verabschiede mich von meiner neuen Bekannten Mary, die mich zu einer Bibelstunde am nächsten Abend abholen will.

Als ich mit dem Taxi zum Hotel fahre, bekomme ich wieder einen Kulturschock, diesmal anders als bisher. Wie kann eine Großstadt nur derart sauber und geordnet sein! So modern und einladend! So voller glitzernder Marmorkaufpaläste und futuristischer Glas- und Betonbauten von Luxushotels. Nirgendwo liegt auch nur ein Fitzelchen Papier oder Abfall herum. Ich kann es kaum fassen, so ein krasser Unterschied! Nur ein kurzer Flug und ich bin in eine andere Welt geraten, direkt aus dem Armenhaus Indien hinein in ein Luxusparadies. Dieses „Paradies“ scheint allerdings mit harter Hand regiert zu werden, denn hier wird z. B. das achtlose Wegwerfen eines Kaugummipapiers mit bis zu fünfhundert Singapur-Dollar Strafgeld geahndet. Ob alle Delikte so unverhältnismäßig bestraft werden? Ich muss andererseits zugeben: Ich genieße es, in einem sauberen Land zu sein mit gut angezogenen Menschen und streng geregeltem Verkehr.

Am nächsten Abend werde ich von einer jungen Frau namens Irene abgeholt, die ein amerikanisches Auto fährt. Neben ihr sitzt meine Flugnachbarin Mary. Irene ist lebhaft und erzählt viel auf der Fahrt zur Bibelstunde. Sie ist Börsenmaklerin, etwa dreißig Jahre alt, ledig und geht in dieselbe Gemeinde wie Mary. Im Laufe des Abends, der im Hause eines wohlhabenden indischen Geschäftsehepaars stattfindet, höre ich aus dem, was Irene so sagt, heraus, dass sie eine tiefe Liebe zu Jesus Christus und zu den Menschen hat. Sie ist intelligent, wortgewandt und engagiert und strömt eine große Liebe aus. Was sie sagt, zeugt von tiefem geistlichen Verständnis. Ich werde vorgestellt und herzlich aufgenommen, und man bittet mich, etwas von meinen Erfahrungen mit Gott zu schildern. Als Irene mich am Ende des Abends wieder bei meinem Hotel absetzt, lädt sie mich ein, am nächsten Abend mit ihr zu einer anderen Veranstaltung zu gehen. Ich willige gerne ein.

Am Vormittag suche ich das Reisebüro auf, um einen Platz im Flugzeug nach Jakarta in Indonesien zu reservieren, meinem nächsten Halt, wo ich bei Freunden wohnen werde. Hier funktioniert der Computer, aber ich werde jäh mit einer unvorhergesehenen Hürde konfrontiert. „Es ist leider alles ausgebucht“, erklärt mir die Angestellte, „und das für die nächsten zwei Wochen.“ Damit habe ich nicht gerechnet. Was soll ich denn nur tun? Ich kann mich doch nicht so lange im teuren Singapur aufhalten. „Können Sie mich nicht auf die Warteliste setzen, bitte?“ Ich sehe die Angestellte flehend an. Sie lässt sich erweichen und setzt mich auf die Liste für einen Flug in zehn Tagen.

Tagsüber erkunde ich die Altstadt, das Raffle Hotel, das Chinesenviertel und dann die modernen Konsumtempel, die alles feilbieten, was das menschliche Herz begehrt, präsentiert in gläsernen und marmornen Palästen, Stockwerk um Stockwerk übereinander getürmt und bestückt mit Waren aus aller Welt. Unterwegs sticht mir ein Plakat ins Auge, das Reisen nach Malaysia anpreist. Schon vom Flugzeug aus waren mir die goldenen Kuppeln von Kuala Lumpur aufgefallen. Ich suche ein anderes Reisebüro auf und buche eine siebentägige Malaysia-Busrundfahrt. So kann ich den unfreiwillig langen Aufenthalt günstig nutzen, um ein nahe gelegenes Land zu besuchen, das eigentlich nicht auf meiner Reiseroute liegt.

Abends holt mich Irene ab, und diesmal findet eine Art privates Treffen bei einer anderen Familie statt, und wieder werde ich gebeten, etwas aus meinem Leben zu erzählen. Anschließend kommt eine junge Chinesin auf mich zu und sagt, dass sie bald nach Pasadena in meiner zweiten Heimat Kalifornien reisen wird, um dort am Fuller Seminar Theologie zu studieren. Sie freut sich, als sie hört, dass dort auch meine Tochter und ihr Mann studiert haben und dass dorthin noch Kontakte bestehen. Ich verspreche, ihr bei der Suche nach einer Unterkunft zu helfen, wenn sie dort ankommt. Die Gastgeber laden mich wieder ein, und ich bin froh über die bereichernden Begegnungen mit so verschiedenen Menschen in diesen zwei Tagen.

Zurück im Hotel ruft mich Marys Tochter Lydia an und lädt mich zu einer Geburtstagsparty für ihren kleinen Sohn ein, und ich fahre nachmittags zu der angegebenen Adresse. Es ist ein modernes imposantes Villengebäude, an dem ich klingle. Die Tür wird von einem arabischen Scheich mit Turban geöffnet. Auf mein erstauntes Gesicht hin gibt sich mir der Hausherr lächelnd zu erkennen. „Wir verkleiden uns heute zusammen mit den Kindern“, erklärt er mir und führt mich in das weiträumige Haus, das mit luxuriösen Möbeln und Kunstgegenständen ausgestattet ist. Durch die Glastüren blicke ich auf einen blauen Swimmingpool im Garten. Mary kommt mir entgegen und umarmt mich herzlich, und wir gehen in einen Raum, den ich als ihr Schlafzimmer einordne.

Sie scheint bedrückt zu sein. Auf meine Fragen erklärt sie mir, dass ihr Schwiegersohn für eine amerikanische Computerfirma arbeitet. Im selben Moment kommt auch schon ihre Tochter mit dem kleinen Geburtstagskind herein und begrüßt mich freundlich. Ich muss mit hinauskommen: Die Party findet um den Swimmingpool herum statt. Es sind viele kleine und große Gäste gekommen, und ich werde als die Reisende aus dem fernen Amerika vorgestellt. Hier bin ich also die Exotin! Alles ist vom Erlesensten, selbst die Erfrischungen und kleinen Geschenke für die Gäste. Ich schaue mich immer wieder um, aber Mary taucht nicht auf. Auf meine Frage sagt die Tochter, dass sie sich nicht wohl fühle und sich hingelegt habe.

Nachdem die Geburtstagsgäste am Abend wieder gegangen sind, besteht Lydia darauf, dass ich noch zum Essen bleibe. Das Kindermädchen nimmt den kleinen, übermüdeten Jungen und bringt ihn ins Bett, während Lydia ihre Verkleidung mit einem hübschen Sommerkleid tauscht. Mary erscheint und zieht mich in ihr Zimmer. Sie schließt die Tür, spricht aber trotzdem nur im Flüsterton mit mir. „Ich bin so unglücklich hier", beginnt sie: „Ich habe bis vor kurzem hier gewohnt, aber dann habe ich mir eine kleine Wohnung genommen. Nur zu besonderen Anlässen komme ich noch her, wie jetzt zum Geburtstag meines Enkels."

„Aber warum, Mary?", frage ich erstaunt. „Du hast doch alles hier in diesem schönen, großen Haus bei deiner Tochter und dem Enkel!"

„Alles", sagt sie bitter, „außer Liebe."

Und dann bricht es aus ihr heraus. Weil sie eine dunkle Hautfarbe hat und einen Sari trägt, ihre Kinder aber als Weiße gelten wollen und nicht als Inder, darf die Mutter nie erscheinen, wenn Gäste im Haus sind. Auch verbietet ihre Tochter es ihr, sich von ihren christlichen Freunden besuchen zu lassen oder sie anzurufen. Ich kann es kaum fassen. Diese Mutter, die durch ihrer eigenen Hände Arbeit ihre drei Kinder großgezogen hat, wird nun zum Dank so behandelt, dass man sie vor der Öffentlichkeit verleugnet und sich ihrer schämt. Ich bin entrüstet, und mir tut diese kranke Frau Leid, die auf ihre alten Tage eine solche Demütigung ertragen muss.

Das kann man doch nicht einfach so hinnehmen! Doch ich bin hier nur kurz zu Gast, und die Höflichkeit verbietet es, dass ich das Thema am Abendbrottisch anschneide. Aber ich kann an nichts anderes denken. Wenn ich es doch täte, was könnte ich damit erreichen? Wahrscheinlich würde ich das Los der Mutter nur noch unerträglicher machen. Plötzlich sieht dieses auf Eindruck gestaltete Haus für mich nicht mehr so einladend aus, und ich habe Mühe, ein ganz natürliches Gespräch im Gange zu halten. Der Blick hinter die Kulissen hat mich ernüchtert.

Wir hatten vereinbart, dass Irene mich bei Marys Tochter abholen würde, und so bin ich froh, mich bald verabschieden zu können. Im Auto erzählt mir Irene auf meine Schilderung des Besuchs, dass Mary vor dem Auszug so verzweifelt war, dass sie weglief und zu Irene kam, die sie erst einmal aufnahm.

Irene steuert auf ein großes Haus zu. „Hier wohne ich," erklärt sie mir. „Es gehört einer Kirche. Du kannst heute Nacht hier übernachten. Ich habe schon alles vorbereitet, weil wir doch morgen früh gemeinsam zum Gottesdienst gehen wollen." Und mit welcher Liebe und mit viel persönlichen kleinen Dekorationen sie das Zimmer und das anschließende große Bad bedacht hat, damit ich mich wohl fühle! Das Bett ist gut, aber ich kann trotzdem nicht schlafen wegen der Hitze und dem Winseln eines jungen Hundes in der Nachbarschaft.

Nach einem guten Frühstück mit Papayas und anderen Früchten holen wir Mary in ihrer Wohnung ab. Bevor wir wegfahren, kommt ein scheues junges Mädchen von nebenan zu uns auf die Veranda. Sie hätten kürzlich ausführlich über Gott und Jesus gesprochen, erzählt Irene, und dass das Mädchen eine

Arbeitssklavin bei begüterten Leuten sei, die sie schlecht behandelten. Nur einmal in zwei Wochen habe sie frei. Das Mädchen zeigt etwas schüchtern auf Irene und erklärt: „Ich mag sie."

Noch so ein Unrecht! Da weiß man, dass ein armer Mensch ausgebeutet wird – und was tut man dagegen? Ich höre schon die Antwort in meinem eigenen Kopf: Das ist eben so. Man kann ja doch nichts ändern. Aber ich frage mich auch, ob das angemessen ist und ob das eine Entschuldigung sein kann, die eines Tages vor Gott bestehen wird, wenn man vielleicht einmal Antwort geben muss auf die Frage: Hast du deinen Nächsten so geliebt wie dich selbst?

Natürlich gilt das erst einmal den Betroffenen. Bei Mary werden sich die Kinder einmal verantworten müssen für die demütigende Behandlung ihrer Mutter. Und bei diesem jungen Mädchen, das schon froh ist, dass es überhaupt aus der Armut und Enge einer vielköpfigen Familie in den Bergen in die Stadt kommen durfte, werden es ihre Arbeitgeber sein. Aber im Moment? Im Moment muss das Mädchen still sein, wenn es nicht auf der Straße stehen will. Es ist schlimm. Trotz Abraham Lincoln und den Freiheitskriegen gibt es immer noch Sklaven in unserer modernen aufgeklärten Gesellschaft! Und wenn man die Sklavenhalter damit konfrontieren würde, dann hätten sie vermutlich viele Erklärungen parat, womöglich sogar, dass sie dem Mädchen doch nur Gutes täten. Freiheit ist ein komplexer Begriff in einer solchen Gesellschaft, und persönliche Menschenrechte scheinen für Menschen bestimmter „Klassen" überhaupt nicht zu existieren.

Es ist Sonntagmorgen, und wir fahren zu dritt zum Gottesdienst, der im Konferenzraum eines Hotels stattfindet. Etwa hundert vorwiegend junge Leute haben sich hier versammelt. Es ist eine Pfingstgemeinde – richtig, das hatte mir Mary im Flugzeug erzählt. Es wird viel gesungen, es gibt eine lange Zeit, in der Gott geehrt und auch in Zungen geredet wird. Ein Gastredner predigt, und ich erlebe um mich herum lautstarke Emotionen. Ich werde gebeten, ein geistliches Wort zu sagen. Anschließend an die Predigt gehen Menschen nach vorne. Irene bittet mich, mit ihr für eine Freundin vor uns zu beten. Um uns herum ist es sehr lebendig, und die Lautstärke steigert sich gegen Ende des Gottesdienstes. Man kann kaum sein eigenes Wort verstehen. Das ist mir fremd, denn es ist schon ein gewaltiger Unterschied zwischen unserem ruhigen presbyterianischen Gottesdienst in Los Angeles und dieser aufgeheizten Atmosphäre, die ich einfach nicht gewohnt bin.

Draußen warten nun Marys Sohn mit seiner Familie auf Mary und mich. Die Frau und die Kinder habe ich schon kurz auf dem Flughafen kennen gelernt. Der Sohn fährt uns zur anderen Seite der Insel, wo die Familie in einem schönen Haus am Strand wohnt. Er ist Jurist und schreibt für die führende Tageszeitung von Singapur. Dort hat er vor fünf Jahren auch seine Frau kennen gelernt, die in einer katholischen Schule unterrichtet. Irene und ich hatten am Morgen zusammen gebetet. Wir baten Gott auch um seinen Segen für die Familie und um eine gute Begegnung und wenn möglich gute Gespräche.

Alles ist entspannt, und wir werden zu einem köstlichen Essen mit verschiedenen Meeresfrüchten eingeladen. Das Restaurant gehört zu ihrem Schwimmklub, liegt direkt am Wasser und ist nach allen Seiten hin offen. Ich genieße die

Umgebung, das gute Essen und die anregenden Gespräche. Eine schwache Brise macht die warmen Temperaturen angenehm. Endlich brauche ich nicht andauernd zu schwitzen. Ich hätte nicht übel Lust, ins Wasser zu springen, aber dazu gibt es keine Gelegenheit.

Am Nachmittag begeben wir uns gemeinsam zum Haus der Tochter, das ich schon kennen gelernt habe, und zwar sind wir zum „High Tea" eingeladen. Obwohl die britischen Besatzer schon vor einer Weile das Land verlassen mussten, wird ihr Andenken in solchen Traditionen weiter gepflegt. Als wir ankommen, ist alles still – große Mittagspause. Ich lege mich auf eine Liege am Pool und ruhe mich auch aus. Gegen vier Uhr nachmittags sehe ich, wie Marys Schwiegersohn, der Hausherr, das Haus verlässt. Bis ich um zehn Uhr abends wieder gehe, taucht er nicht wieder auf. Seine Frau murmelt etwas von Sauna und Klub, aber ich habe das Gefühl, dass er vor dem Besuch flieht. Marys Sohn setzt sich zu mir, wir kommen tiefer ins Gespräch. Auf eine Frage hin reden wir ganz natürlich auch über den Glauben, und ich berichte etwas von meinen Erfahrungen mit Gott. Er scheint ernsthaft interessiert zu sein, denn er stellt weitere Fragen.

Dann werden wir zum Tee gerufen und versammeln uns wieder um den Pool. Man könnte meinen, man sei in Beverly Hills in Kalifornien, muss ich denken. Nur würde man dort keinen englischen Tee trinken. Später fragen mich die beiden Frauen nach meiner Lebensgeschichte, und ich kann eigentlich gar nicht anders als auch darüber zu sprechen, wie Gott in verschiedenen Situationen spürbar eingegriffen hat und welche Rolle er spielt als mein fester Punkt im Leben. Als ich mit der Schwiegertochter allein bin, fängt sie an, mir von sich aus Fragen über Jesus und den Glauben zu stellen. Sie ist so offen und interessiert, dass ich ihr sagen kann, wie nach der Bibel ein Neuanfang mit Gott aussieht, dass er von alter Schuld befreit und wie er dann neue Perspektiven schenkt. Am Ende bedankt sie sich für unser Gespräch, und ich merke, dass sie innerlich angesprochen ist.

Wir gehen aus dem luxuriösen Wohnzimmer hinauf in einen weitläufigen Familienraum. Der Sohn holt sich eine Gitarre und beginnt zu singen und amerikanische Lieder zu spielen. Tut er das nur mir zuliebe? Irgendwann singen wir gemeinsam dazu. Seine Frau ist eher unmusikalisch oder einfach nur ungeübt, jedenfalls gibt sie irgendwann auf. Dann singen der Sohn und ich im Duett „O Susanna“ und „Danny Boy“ und andere Volksweisen, und das macht großen Spaß. Ich muss dabei an früher an die vielen Stunden in der Teestube denken, wo ich mit vielen Jugendlichen von Herzen singen und musizieren konnte. Hier ist es in einer Hinsicht genau dasselbe: Musik verbindet und schenkt Freude. Als ich langsam aufbrechen will, protestieren alle, und ich muss noch zum Abendessen bleiben.

Unterwegs zum Esszimmer nimmt mich Mary zur Seite und flüstert mir zu, dass sie am liebsten ganz weg will und mit mir und Irene zusammen ziehen möchte. Sie hat wohl den Eindruck, dass ich mir vorstellen könnte, hier zu bleiben, wo ich so bald doch recht viele Menschen kennen lernen konnte und schon mehrere mögliche Freunde gefunden habe. Aber da gibt es noch mindestens ein Problem. Irene hat mir ebenfalls schon ihre Überlegungen offenbart: Sie kann sich vorstellen, zu den unerreichten Volksstämmen in Indien zu gehen und dort eine missionarische Arbeit zu tun, und zwar mit mir. Au weia! Und dann ausgerechnet Indien ... das wäre wohl nichts für mich. Da müsste ich schon eine deutliche Stimme vom Himmel hören!

Nachdem ich mich bei allen für die erlesene Gastfreundschaft in diesem beeindruckenden Haus herzlich bedankt habe, holt mich Irene ab und fährt mich in mein Hotel.

Ich muss noch packen, weil ich morgen früh nach Malaysia weiterreisen will. Sie kommt noch für kurze Zeit in mein Zimmer. Als wir uns verabschieden, begleite ich sie hinunter ins Foyer. Sie geht auf die Drehtür zu und bleibt plötzlich stehen. Ich schaue zu, wie sie eine Frau umarmt, die mit ihrem Mann soeben das Hotel betritt. Ich werde vorgestellt. Es sind Freunde aus Kuala Lumpur, ebenfalls Christen, die zu einem kurzen Besuch in Singapur sind und „zufällig" im selben Hotel wie ich absteigen. Als ich anschließend erzähle, dass ich morgen in ihr Heimatland reisen werde, geben sie mir ihre Adresse mit der Einladung, sie anzurufen, wenn ich in ihrer Stadt bin. Das nehme ich dankbar an. So ein „Zufall" – da lässt mir doch Gott schon wieder etwas zufallen!

Am nächsten Morgen bin ich kurz vor sieben an der Bushaltestelle. Der Bus füllt sich. Ich bin die einzige Nicht-Asiatin unter den rund dreißig Fahrgästen, die nach Malaysia wollen. Ein nettes Ehepaar aus Indonesien, das lange in Holland gelebt hat, spricht mich an, und ich setze mich so, dass wir miteinander reden können. Bald sind wir an der Grenze und müssen durch den Zoll. Ich muss meinen Koffer öffnen. Als zwei Männer hören, dass ich allein um die Welt reise, nennt der eine mich die „Lone Rangeress" – auf die amerikanische Fernsehserie: „The Lone Ranger" (Der einsame Ranger) anspielend – und beide lachen.

Die Busfahrt kommt uns schier endlos vor. Und es gibt nur zwei Pausen zum Essen und Teetrinken. Ein Video im Bus läuft mit maximaler Lautstärke und unterhält uns mit einem stupiden amerikanischen Vampir-Horror-Film. Ich nehme meinen Walkman heraus, um dem dumpfen Dröhnen zu entfliehen. Als der Film endlich zu Ende ist und ich den Walkman absetze, um die Batterien zu schonen, beginnt schon wieder ein neues Video – mit Schlägereien, Karatekämpfen und anderen Kampfsportheldentaten und für meine Augen und Ohren ziemlich unerträglich. Wir fahren durch Kuala Lumpur, ohne einmal anzuhalten. Das Wenige, was wir sehen, lässt eine architektonisch interessante Stadt erahnen. Im Dunkeln erreichen wir die Vorgebirge. Die letzten fünfzig Kilometer geht es über sehr enge kurvenreiche Straßen, auf denen der Bus zu einem kompletten Stopp bei jeder der zahlreichen Begegnungen mit einem „Lorrie", einem LKW, kommt. Wir brauchen drei Stunden, dann halten wir zum Essen. Danach geht es hoch hinauf in unser Hotel, denn es liegt auf fast zweitausend Metern Höhe. Man merkt, dass der riesige Komplex als Wohnanlage mit Eigentumswohnungen geplant worden war. Jetzt wird er wegen der wirtschaftlichen Rezession als Hotel „Strawberry Hill" genutzt. Ich habe ein großes Zimmer mit riesigem Doppelbett, einem schönen Bad und einem Balkon.

Am nächsten Morgen frühstücke ich an einem Tisch mit einem properen englischen Ehepaar. Der Mann ist ein ehemaliger britischer Offizier, der acht Jahre in Malaysia stationiert war. Zusammen mit seiner grauhaarigen Frau will er wohl auf den Spuren vergangener „Glorie" wandeln. Ich habe immer wieder davon gehört, dass es auch amerikanische Veteranen an die Schauplätze aufregender Kriegstage zurückzieht, die in der Erinnerung häufig mehr oder weniger vergoldet werden und als verklärte Abenteuer in die Familiengeschichte eingehen.

Wie „einmalig" diese Erlebnisse sind, habe ich mit meinem Mann leider immer wieder bei Besuchen in Deutschland feststellen müssen. Kaum ein Mann konnte dem Drang widerstehen, beim Besuch eines echten Amerikaners alle Einzelheiten seiner Soldatenkarriere darzulegen. Wir langweilten uns dabei oft genug und hörten den stundenlangen Erzählungen nur aus Höflichkeit zu. Wenn ein „Kriegsheld" einmal auf dieser Fährte ist, dann gibt es kein Halten mehr. Es ist so, als ob der Drang nach Heldentum, der wohl in jedem Manne liegt, im Krieg seinen Höhepunkt findet. Nicht der schrecklichen Seite der

Zerstörung und des Todes wird so im Nachhinein gedacht, sondern der aufregenden und heldenhaften Überwindung der Angst. Erst in solchen Extremsituationen scheint sich mancher Mann als Mann zu empfinden. So kann man vielleicht auch die wahnwitzigen Versuche erklären, dem Körper in allen möglichen Sportarten immer größere Kraftproben zuzumuten, bis hin zum selbstmörderischem Aufgeben aller Sicherheiten.

Im Morgenlicht fahren wir durch dichten malaysischen Dschungel mit riesigen Gewächsen, die bei uns nur als kleine Topfpflanzen gedeihen. Wir erleben eine faszinierende Pflanzenvielfalt, aus der vielfarbige Orchideen hervor leuchten. Wir fahren an Bambushütten von einheimischen Bergstämmen vorbei, sehen einen Mann mit einem Blasrohr auf der Jagd und genießen gelegentliche atemberaubend schöne Ausblicke. Während der Pausen kaufe ich saftige Mandarinen, gebackene Bananen und Süßkartoffeln. Die Menschen, denen wir begegnen, sind sehr freundlich und bieten überall Essen an. Ich probiere alles.

Wir fahren durch endlose Palmöl- und Gummiplantagen. Viele Moscheen zeigen, dass dies ein moslemisches Land ist. Wirtschaftlich scheint es den Menschen insgesamt gut zu gehen. Man sieht keine Armut wie in Indien. Als wir wieder einmal zum Essen halten, diesmal zum Mittagessen, bestellen meine indonesischen Busnachbarn gleich Messer und Gabel für mich. Sie haben mitbekommen, wie mühsam es für mich war, mit Stäbchen zu essen. Nicht, dass ich die Bissen nicht in den Mund bekommen hätte, aber ich war mit dieser Technik nicht schnell genug, um satt zu werden. Jetzt sitzen wir wieder wie eine Familie mit jeweils acht bis zehn Leuten um einen großen runden Tisch. Auf manchen Tischen steht in der Mitte eine rotierende Platte, auf der alle möglichen Köstlichkeiten in verschiedenen Schüsseln aufgetischt werden. Jeder hat ein Schüsselchen Reis vor sich, und blitzschnell greifen alle auf einmal nach den Schüsseln, nach dem Fisch, der im Ganzen auf den Tisch kommt und mit den Stäbchen kunstfertig von seinen Gräten befreit wird, oder nach anderen Leckerbissen, die ich nicht gleich identifizieren kann. Im Gegensatz zu vorher habe ich jetzt auch eine Chance!

Als mein Nachbar bei der letzten Mahlzeit merkte, dass mir diese Essgewohnheiten fremd sind und ich mich abmühte, aus der Entfernung etwas zwischen meinen Stäbchen zu halten, fischte er für mich etwas heraus und legte es auf meinen Reis. Es war irgend ein Tintenfischteil und war zäh wie Gummi. Aber ich lächelte und brachte diesen Kaugummi irgendwie herunter.

Unser Busfahrer hat ein Schild an der Frontscheibe hängen: „Gott ist mein Co-Pilot". Ich frage ihn: „Wer ist Ihr Gott?" Und er sieht mich erstaunt an. „Buddha, Mohammed, Jesus – alle ..." Das klingt, als wolle er auf „Nummer sicher" gehen. Aber genau das – Sicherheit – hat er damit sicher nicht.

Die Tage gehen vorbei wie im Flug. Auf der Insel Penang ist Ferienstimmung. Eine Gruppe junger Mädchen fragt mich kichernd, ob ich mich mit ihnen fotografieren lasse. Sie stellen mich in die Mitte, und ich lächle. Hier bin ich wieder einmal der Exot. In Kuala Lumpur trenne ich mich von der Gruppe, weil ich nur eine Woche gebucht habe. Der Abschied von meinen neuen indonesischen Bekannten fällt schwer. Wir tauschen die Adressen aus, und ich winke, als der Bus weiter fährt.

In meinem Hotel krame ich die Adresse des Ehepaars aus, das ich nur kurz im Foyer des Hotels in Singapur kennen lernte. Ich rufe dort an und werde zu einem Bibelhauskreis eingeladen, der in ihrem Haus statt finden soll. Sie werden mich abholen. Wegen eines moslemischen Feiertags ist es ruhiger in der Stadt. Ich gehe durch die umliegenden Straßen und beobachte die Familien, die sich um die geschäftigen Essensstände herum versammeln. Ein junges Ehepaar mit pausbäckigen Zwillingen lächelt stolz, als ich um Erlaubnis frage, sie und ihre Kinder fotografieren zu dürfen.

Am Vormittag werde ich mit drei anderen Gästen in einem weißen Mercedes einige Stunden durch die eindrucksvolle Stadt gefahren, und wir sehen verschiedene Sehenswürdigkeiten. In die Nationale Moschee dürfen wir Frauen nur schwarz gekleidet hineingehen, genau wie die muslimischen Frauen. Die Moschee hat einen weitläufigen und modernen Innenhof mit reflektierenden Wasseranlagen. Daneben werden uns der Bahnhof und andere beeindruckende Bauten gezeigt. Auch die goldenen Kuppeln, die ich schon vom Flugzeug aus gesehen hatte, entdecke ich wieder.

Am Abend holt mich die Ehefrau wie versprochen ab – in einem amerikanischen Auto. Wieder komme ich in eine Gruppe von allem Anschein nach wohlhabenden Christen. Viele kleine Jungen laufen in der Wohnung herum. Ich werde wie eine alte Bekannte aufgenommen, obwohl ich doch niemanden kenne, und schnell kommen wir ins Erzählen. Was ist das doch für ein unerhörtes Geschenk! Auf der ganzen Welt findet man Menschen wie Geschwister, die einem sofort nahe stehen. Die Unsicherheit, die bei Begegnungen mit fremden Menschen oft zu überwinden ist, etwa wegen ihres Aussehens, ihrer Sprache, Rasse, Kultur oder Nationalität, ist bei Christen viel schneller aus dem Weg geräumt. Man weiß sich verbunden – wie Kinder einer großen Familie, die alle denselben Vater haben.

Nachdem wir in der Bibel gelesen und uns über den Text ausgetauscht haben, knien alle im Kreis zum Gebet nieder. Es liegt nur ein dünner Teppich auf den Fliesen, und ich spüre meine Knie. Besondere Gebetsanliegen werden gesammelt. Ich sage, was mich beschäftigt und wofür ich Gottes Hilfe erbitten möchte: Es ist der Weiterflug nach Jakarta, dass ich tatsächlich mitgenommen werde. Als ich anrief und nachfragte, war ich noch immer auf der Warteliste. Eins nach dem anderen der Anliegen werden vor Gott gebracht. Alle beteiligen sich und beten laut.

Später bei den Erfrischungen werde ich gefragt, was mein nächstes Ziel sein wird. Als ich „Malakka“ sage, lächeln alle wissend. „Da wohnt jetzt ein junger Mann, der auch in unserem Kreis war“, sagt der Hausherr zur Erklärung. „Wo werden Sie denn wohnen?“ Ich nenne ihm den Namen des Hotels. „Na, so etwas!“ ruft er aus. „Da arbeitet ja der junge Mann, von dem wir eben sprachen!“ Wieder eine offene Tür, für die ich Gott im Stillen danke.

Am Sonntagmorgen in Malakka werde ich vom Telefon geweckt. Am anderen Ende ist der junge Mann, der von meinen und seinen Bekannten benachrichtigt wurde. Er lädt mich ein, mit ihm einen Gottesdienst zu besuchen. Ich treffe ihn im Foyer des Hotels, und er läuft mit mir zu seiner Gemeinde. Der Gottesdienst beginnt um neun Uhr und dauert bis halb zwölf. Es wird viel und innig gesungen, dann folgen Gebet und Abendmahl. Alle gehen nach vorne, trinken aus einem kleinen Kelch, brechen ein Stück Waffel ab, tragen es zu ihrem Platz. Neben mir sitzt eine ältere Frau. Wir brechen einander das Brot, nehmen es zu uns und beten dann miteinander. Sie bittet mich, wegen ihrer Halsschmerzen für sie zu beten. Nach dem Abendmahl steht ein junger Pastor auf und beginnt, in Englisch über einen Text aus dem Epheser-Brief zu predigen – eine geschlagene Stunde lang, aber ich kann ihm gut zuhören, denn was er sagt, ist fundiert und inhaltsreich. Ich schreibe einiges mit.

Mein junger Begleiter bringt mich zum Hotel zurück, doch meine Einladung zum Essen schlägt er ab. Er sei doch hier angestellt, da schicke es sich nicht, mit einem Gast zu essen. Ich danke ihm herzlich, und wir verabschieden uns. Mein Bus soll um halb zwei nachmittags kommen. Aber um drei Uhr ist er immer noch nicht da. Ich mache mir Sorgen, denn Irene wollte mich an meinem Ziel in Singapur abholen. Nach dreistündigem Warten erscheint er endlich. Als wir im Dunkeln ankommen, ist keine Irene da. Auch mein Telefonanruf ist vergeblich. Ich rufe Mary an und höre, dass Irene plötzlich nach Malaysia reisen musste und erst später wiederkommt.

Mary besucht mich am Morgen in meinem Hotel. Wir tauschen uns aus und beten miteinander. Dann rufe ich das Reisebüro an, ob ich wohl nach Jakarta mitfliegen kann. „Ich versuche, ein Ticket für Sie zu bekommen," sagt die Angestellte, „aber ich kann Ihnen nichts versprechen. Kommen Sie einfach zum Flughafen heute Abend. Wir versuchen unser Bestes. Vielleicht klappt es ja mit dem Stand-by." Na, das klingt ja nicht sehr ermutigend.

Später ruft Lydia an. Sie möchte mich noch einmal im Hotel besuchen. Als ich ihr über meine prekäre Situation berichte, ruft sie die Sekretärin ihres Mannes an, um mit der Fluggesellschaft zu reden. Dann ruft sie zurück. Kein Glück. Gott allein weiß, wann und wie ich von hier wegkomme. Ich lade Mary zum Essen ein. Später fährt sie wieder nach Hause. Es geht ihr gesundheitlich immer noch nicht so gut, sie hat Schwindelgefühle vom Ohr her und immer noch die Herzschwäche. Wir verabschieden uns wie Schwestern und versprechen, einander zu schreiben. Wie Leid tut mir diese liebe Frau! Ein schweres Witwenleben hat sie gehabt, und nun in ihrem Alter muss sie noch an ihrer eigenen Familie leiden.

Ich ärgere mich über die Ambivalenz meiner Gefühle. Auf der einen Seite verachte ich es, wie ihre Tochter Lydia und der Schwiegersohn sich verhalten. Dieses Streben nach Anerkennung in einer Gesellschaft, die Menschen je nach hellerer oder dunklerer Hautfarbe unterschiedlich Wert schätzt. Die daraus folgende herzlose Behandlung, die zeigt, wie sie sich der eigenen Mutter schämen, diese Demütigung, nur damit man irgend einem reichen Kapitalisten, der nicht hinter die Fassade dieses auf Eindruck ausgerichteten Hauses blicken kann, imponieren kann. Auf der anderen Seite finde ich Lydia in ihrer spontanen und selbstsicheren Art anziehend und ihre gepflegte Erscheinung sehr attraktiv. Wonach beurteile ich eigentlich einen Menschen? Nach seinem Wesen oder seiner Erscheinung? Ich merke, dass die äußere Erscheinung ein starker Faktor ist im Spiel der Gefühle zwischen Sympathie und Antipathie. Obwohl bei Christen die von Gott gegebene Liebe herrschen sollte, werden diese spontanen menschlichen Gefühle immer wieder auftauchen und sich „wichtig machen", und manchmal vielleicht auch den klaren Blick vernebeln. Vermutlich ist Lydia so sehr auf äußerliche – sprich: gesellschaftliche – Anerkennung aus, weil ihr die letzte innere Sicherheit fehlt.

Weil ich mein Zimmer bereits geräumt habe, warte ich in der Hotel-Lobby auf Lydia und ihre Schwägerin, die zum Tee kommen wollen. Zwei elegante Damen treten durch die Drehtür ein und laufen strahlend auf mich zu. Lydia sieht umwerfend aus. Sie umarmt mich und übergibt mir ein kleines Päckchen. Es ist ein Fläschchen Parfüm von Christian Dior. Das Beste ist gerade gut genug. Nothing but the best. Ich freue mich und muss versprechen, sie wieder zu besuchen, wenn ich in Singapur bin. Ob das wohl noch mal geschieht? Auf jeden Fall hat mich die Begegnung bei ihrem Abschiedsbesuch froh gemacht.

Nachdem sie gegangen sind, rufe ich wieder am Flugplatz an. Ich bin immer noch auf der Warteliste. Ich fange an, mir ernstlich Sorgen zu machen – hatte ich doch meinen indonesischen Freunden geschrieben, dass ich mit diesem Flugzeug nach Jakarta fliegen würde. Außerdem habe ich nur ihre Postadresse. Ich seufze. Ich kann doch nicht noch weitere zehn Tage bis Ende November in dieser Stadt bleiben! Mein ursprünglicher Aufenthalt von drei Tagen hat sich ja sowieso schon auf zwei Wochen verlängert. Entschlossen nehme ich ein Taxi und fahre zum Flugplatz. Wieder ist endloses Warten angesagt, bis ein Mann vom Reisebüro auftaucht. Ihm wird gesagt, dass das Flugzeug voll besetzt sei. Er meint, dass ich trotzdem noch eineinhalb Stunden warten soll. Warten, warten. Das zerrt an den

Nerven. Was mache ich nur, wenn ich nicht mitkomme? Und wie könnte ich dann wohl Charly und Emily benachrichtigen?

Die Nervosität wächst, und ich mache mich auf die Suche nach einer Post. Vielleicht finde ich ja ein Telefonbuch von Jakarta. Als ich vor dem Schalter auf den Boden schaue, blicke ich auf eine Rolle Geldscheine, zwei fünfzig Dollar- und andere Scheine. Ich hebe sie auf und reiche sie dem Schalterbeamten, offensichtlich zum Erstaunen der Umstehenden. Dann rufe ich einen Sicherheitsbeamten als Zeugen. Schließlich erfahre ich: Es gibt hier kein Telefonbuch von Jakarta. Als ich später noch einmal zu dem Schalter komme, um einige Briefmarken für Postkarten zu kaufen, höre ich, dass der rechtmäßige Besitzer sich gefunden und sein Geld wieder zurück erhalten hat.

Die Warterei macht mich langsam mürbe. Eine innere Unruhe hat mich ergriffen, die ich willentlich nicht mehr steuern kann. Da kommt mir in den Sinn: *Wenn jetzt dein Mann hier wäre ... Er würde es irgendwie fertig bringen, dass du in das Flugzeug kommst. Er fand immer einen Weg.* Also bete ich still für mich: *Jetzt bist du dran, Herr im Himmel. Hier ist eine Situation, in der du mir zeigen kannst, dass dein Versprechen, mir wie ein Ehemann nahe zu sein und dich um mich zu sorgen, wahr ist. Ich bitte dich darum.*

Wie eine Antwort steht plötzlich ein Vers aus den Psalmen vor meinem inneren Auge: „Befiehl dem Herrn deine Wege und hoffe auf ihn; er wird's wohlmachen" (Psalm 37,5). Die Unruhe legt sich etwas. Aber noch stehe ich auf der Warteliste. Kurz nach zwanzig Uhr soll das Flugzeug abfliegen. Ich sehe, wie die ersten Passagiere bereits einsteigen. Einige andere Leute sind vor mir auf der Stand-by-Liste. Einer nach dem Anderen werden sie eingecheckt, aber ich werde nicht aufgerufen. Als Einzige stehe ich noch da, neben dem Mann vom Reisebüro. Der schwarze Zeiger der Uhr rückt dem Abflugtermin immer näher. Sollte ich tatsächlich als Einzige nicht mitkommen?

Ich erinnere mich an eine Situation vor ein paar Jahren, als ich auch über Stand-by von Frankfurt nach Los Angeles zu fliegen hoffte. Es hatte sich kurzfristig entschieden, dass ich zur Hochzeit unserer ältesten Tochter noch Kleider für die Brautjungfern nähen sollte, und so wollte ich möglichst schnell zu ihr fliegen. An dem bewussten Morgen hatte im Losungsbuch gestanden: „Der Herr hat Gnade zu deiner Reise gegeben." Dadurch hatte ich mich ermutigt gefühlt. „Ich fliege heute", hatte ich meiner Familie verkündet, hatte gepackt und mich von allen verabschiedet. Mein Mann hatte mich zum Flugplatz gebracht, und ich hatte auch ihm schon Adieu gesagt. Ich war mir so sicher, dass ich wegkommen würde, denn es hieß ja für mich „Der Herr hat Gnade zu deiner Reise gegeben." Ich hatte nur keinen einzigen Gedanken an den Zeitpunkt verschwendet. Als es mir damals dann aber klar wurde, dass zumindest dieses angepeilte Flugzeug ohne mich abfliegen würde – trotz der Losung –, war ich erst einmal völlig fassungslos. Hatte ich nicht diesem Wort geglaubt? Und nun stand ich da wie ein begossener Pudel! Gott sei Dank war mein Mann noch nicht wieder nach Koblenz zurück gefahren. Wortlos saß ich neben ihm und ließ mich nach Hause zu den erstaunten Kindern bringen, die mich schon halb in Los Angeles wähnten. Es war eine unbeschreibliche Niederlage für mich, die ich so stolz verkündet hatte, dass Gott mir schon helfen würde. Am nächsten Tag machten wir die Reise dann übrigens noch einmal, und diesmal bekam ich tatsächlich einen – ganz regulären – Flug, und so war ich schließlich noch rechtzeitig bei meiner Tochter und an der Nähmaschine.

Das war eine wichtige Lektion für mich. Ich habe gelernt, dass man Gott nicht unter Druck setzen kann, weder bewusst noch unbewusst. Auch nicht durch seine Verheißungen. Genauso wenig können wir ihn durch unsere Gebete manipulieren. Er lässt sich bitten, aber er ist und bleibt der souveräne Herrscher, der nach seinem Willen handelt und nicht nach unserem. Dabei will er das Beste für unser Leben, auch wenn wir Dinge erleben, die wir uns anders gewünscht hätten. Und auch dann ist Gott noch bei uns und hilft uns weiter, und wir merken: Wir sind auf seine Nähe und auf seine Gnade angewiesen. Dasselbe gilt auch bei einer Krankheit und für das Gebet um Heilung. Einem kranken Menschen zu sagen: „Du wirst nicht gesund, weil du nicht genug glaubst“, ist nicht nur herzlos, sondern schlicht unbiblisch. Gott kann heilen – aber er muss nicht! Als der Apostel Paulus, durch den Gott andere geheilt hatte, Gott dreimal um Heilung für sich selbst anflehte, war die Antwort Gottes: „Lass dir an meiner Gnade genügen, denn meine Kraft ist in den Schwachen mächtig.“

Ich laufe etwas umher. Mein Blick fällt zum wiederholten Mal auf die Uhr in der Wartehalle. Wir kommen der Abflugzeit immer näher. Wie soll ich nur meine Freunde erreichen, die in Jakarta jetzt schon auf dem Weg zum Flugplatz sind? Was werden sie denken, wenn ich nicht zur verabredeten Zeit komme? Da kommt der Mann vom Reisebüro eilig auf mich zu. „Beeilen Sie sich!“, ruft er: „Sie können noch mit!“ Ich renne so schnell ich kann über die Piste, die Treppe hoch und steige in den bis auf den einen einzigen Platz ausgebuchten Jumbo. Direkt hinter mir wird die Tür geschlossen. Mein Platz ist in der vorletzten Reihe. Noch ganz außer Atem lasse ich mich auf den Sitz fallen. Puh! Das war Rettung in allerletzter Minute. Das Herz schlägt mir bis zum Hals, und ich habe Mühe, meinen Sicherheitsgurt ruhig anzulegen.

Dann muss ich leicht lächeln. *Warum regst du dich nur so auf?*, höre ich eine leise Stimme in meinem Inneren. *Hast du nicht gesagt, dass du mir vertrauen willst? Warum dann so viel Unruhe und Nervosität? Glaubst du eigentlich, dass ich mein Versprechen halte, dass ich dir wie dein Mann beistehen will, oder meinst du, ich mache nur Worte?*

Verzeih mir, Herr, führe ich den äußerlich unhörbaren Dialog weiter, *ich stehe wohl noch ziemlich am Anfang meiner großen Entdeckungsreise mit dir, und ich muss das noch lernen, dir auch in solchen Situationen ganz zu vertrauen. Hilf mir, bitte, ruhiger und gelassener zu werden. Und: danke!*

Während das Flugzeug langsam zum Abflug rollt und dann die ungeheuren donnernden Jet-Motoren alles daran setzen, die Schwerkraft durch die aerodynamischem Kräfte zu überwinden und sich das tonnenschwere Ungetüm wie ein befreiter Vogel in die Lüfte erhebt, genieße ich das Gefühl, mich ganz diesem Rausch hinzugeben. Ich spüre die Dynamik der Geschwindigkeit, die meinen Körper in den Sitz hineindrückt, das Flugzeug auf und nieder hebt und uns dann endlich die Wolkendecke durchbrechen lässt, bis das gleißende Sonnenlicht durch die Fenster scheint. Diesen Teil des Fliegens liebe ich, während ich die Landung nicht sehr schätze.

Am liebsten sitze ich am Fenster und blicke aus einer ungewöhnlichen Perspektive auf die Erde unter mir. Man verliert das Gefühl der Erdgebundenheit. In enge Häuser gepresst zu leben, auf geometrisch angelegten Feldern zu arbeiten oder in winzigen, von hier aus kaum sichtbaren Autos auf sich schlängelnden Straßen zu fahren, das alles scheint zu einer Puppenwelt zu gehören, weit entfernt von der Wirklichkeit. Die Erde von oben zu sehen, bringt mir unwillkürlich die Verbindung zum eigenen Körper zum Bewusstsein. Wie Hauptschlagadern ziehen sich Flüsse durch die Gegend, die wiederum von Seitenadern gespeist werden. Ein Grundprinzip, das in alle Schöpfung gelegt ist, vom Makro- bis zum Mikrokosmos, wird aus dieser Perspektive sichtbar.

Plötzlich blitzt ein Licht von unten auf, irgendeine Fensterscheibe, die die Sonne reflektiert, genau im richtigen Winkel, und für einen Augenblick wird so etwas wie ein Kontakt hergestellt. Die anonyme Welt dort unten so weit entfernt vom Himmel, hat sich nach oben bemerkbar gemacht und meine Aufmerksamkeit erregt. Wie Gott wohl unsere Gebete empfängt oder unseren Lobpreis?

Lange bevor der uralte Menschheitstraum vom Fliegen wahr wurde, stellten sich die Menschen Gott auf den Wolken sitzend und auf die Menschenkinder herabblickend vor. Wie konnten sie sicher sein, dass er ihre Gebete hören würde? Sie gaben ihnen Flügel des Rauches, der von zahllosen Altären aufstieg, und sie verbrannten wohlriechende Kräuter, um mit dem Duft Gott zu erfreuen. Wie anders ist doch die moderne Kommunikation mit Gott! Innerlich hineingehen in den innersten Raum, die Tür zur Außenwelt schließen – lärmende Worte und beobachtende Augen ausschließen – erwartungsvoll in der Stille sein – horchen – vor Gott das Herz und die Gedanken ausschütten.

Aber auch das kann Kommunikation mit Gott sein: inmitten der Geschäftigkeit des Alltags, umgeben von Lärm und Durcheinander, von Konflikt und Spannung, den sich aufbauenden Druck spüren – und dann nur ein kurzes Stoßgebet aussprechen: *Hilf mir, Herr!*

Doch wie wenig lassen wir uns oft darauf ein, mit Gott in ungestörter Kommunikation zu leben, so wie der einfache Klosterbruder, der vor vielen Jahrhunderten das Büchlein schrieb: *Practicing the Presence of God* (In der Gegenwart Gottes leben). Dieser Bruder Lawrence konnte sich nicht ausschließlich dem Gebet und der Kontemplation hingeben wie viele seiner Klosterbrüder. Sein Aufgabenfeld war nämlich die Klosterküche mit den dazugehörenden Arbeiten wie Kochen und Abwaschen, das Auskratzen der angebrannten Töpfe und das Fegen und Schrubben des Steinbodens. Was konnte er tun? Inmitten des Geklappers von Pfannen und Tellern und der dampfenden Speisen lernte er, in der Gegenwart Gottes zu bleiben und alle anfallenden Arbeiten zur Ehre Gottes zu tun. Wie hat diese Entdeckung sein Leben verändert – und durch ihn das Leben vieler seiner Leser! Das Geheimnis, das er entdeckte, war ganz schlicht: Gott sitzt eben nicht auf den Wolken und beobachtet uns aus weiter Ferne. Und ich begegne ihm nicht nur an den stillen Orten und in den Momenten der Anbetung. Sondern Gott ist genau dort, wo ich gerade bin. Er sieht mich, hört und freut sich, wenn ich seine Nähe suche.

Das gilt auch für mich hier in diesem Flugzeug auf dem Weg nach Indonesien. Ich denke über die letzten inhaltsreichen Wochen nach. Keinen einzigen Menschen hatte ich gekannt, als ich von Indien nach Singapur flog. Und jetzt habe ich eine lange Liste mit Namen und Adressen von Menschen, die mir das Geschenk ihrer Freundschaft machten, die mich aufnahmen, bewirteten, beschenkten, mit mir beteten. Da fällt mir die Gruppe in Kuala Lumpur ein. Sie hatten gebetet, dass Gott mir diesen Platz im Flugzeug geben möge – und er hat ihr Gebet erhört. Wie unverdient hat Gott mich überschüttet mit seiner Vorsorge! Immer wieder hat er mir Menschen in den Weg gestellt, ja, sie so offensichtlich mit mir zusammen treffen lassen, zur rechten Zeit die Weichen gestellt. Einige hätten es gerne gesehen, wenn ich noch bei ihnen geblieben wäre. Als Fremde war ich gekommen – und gegangen bin ich als Freundin. Nur eins bedauere ich, dass ich mich nicht mehr von Irene verabschieden konnte, zumal mich ihre Gastfreundschaft besonders berührt hat. Aber für sie wird mir noch etwas einfallen.

Jetzt bin ich gespannt auf Indonesien. Dort wird es anders sein als in Singapur, dort warten schon Freunde auf mich, die ich während ihres Studiums in Deutschland kennen gelernt habe. Es ist ein gutes Gefühl zu wissen, dass ich am Flugplatz abgeholt und mit Freude erwartet werde. Das hat wohl mit etwas ganz Grundsätzlichem zu tun, mit der Angst vor dem Verlassensein. Ich vermute, dass wir Menschen im tiefsten Inneren nichts mehr fürchten als das. Und dass wir in manchen Momenten die Trennungsangst unserer Kindheit wieder erleben. Die große Reise ist in dieser Hinsicht eine echte Herausforderung für mich, denn ich begebe mich in immer neue Situationen, in denen ich die Landessprache nicht verstehe, als

Fremde wahrgenommen werde und mich selbst auch fremd fühle. Und deswegen sind diese menschlichen Begegnungen unterwegs auch so erleichternd, denn sie vertreiben für eine längere oder kürzere Weile das Gefühl der Verunsicherung.

Ich erinnere mich an einen Sonntagnachmittag in Kalifornien, an dem mir das zum ersten Mal bewusst wurde. Es war am „Inspiration Point", und zwar am Ende des „Europäischen Weges", wie ich ihn nannte, weil er hauptsächlich von europäischen Einwanderern frequentiert wurde. Ich war dorthin gefahren, weil es der Lieblingsplatz meines Vaters war. Dort zum westlichen Ende der USA am Rande des Pazifischen Ozeans hatte es ihn immer wieder hingezogen. Ihn, den liebenswerten, pessimistischen Einzelgänger, der sich nach seiner Enttäuschung über ein paar Menschen, die ihn um ein Vermögen gebracht hatten, oft in die Einsamkeit zurückgezogen hat. Er hatte – damals ein echtes Novum – ein elektrisches Barbecue, einen Hähnchengrill, erfunden und mit eigenen Mitteln gebaut; aber die Firma, für die er damals arbeitete, brachte ihn um sein Patent. Er mochte ihn sehr, den Weg entlang der hoch aufstrebenden Sandstein-Palisaden, die dem blauen Ozean Einhalt geboten. Dort sah man sonntags lange Reihen von spazierenden und schlendernden Menschen in Zweier- oder Dreiergruppen. Unter den hohen, im Wind sich leicht wiegenden Palmen, mit dem Blick auf die weite Ausdehnung des Meeres, das mit langsamen, schaumgekrönten Wellen an den weißen Strand heranrollte, spazierten immer viele Europäer aus verschiedenen Ländern. Im Vorbeigehen erhaschte Sprachfetzen ließen Erinnerungen aufkommen. Unter anderen sah ich drei ältere jüdische Einwanderer, ihr Gang mehr als ihre Sprache die deutsche Herkunft verratend. Sie unterhielten sich, und mein Ohr erkannte sofort die vertraute berliner Aussprache. All das hatte Vater dort angezogen. Es war die zurückhaltende Art des Einzelgängers, gesellschaftliche Beziehungen zu pflegen. Nicht dass er ein Gespräch begonnen hätte – allein das Laufen zwischen diesen Menschen und das Auffangen von Halbsätzen gab ihm das Gefühl, dazu zu gehören, auch ohne jeden direkten Kontakt. – An jenem Nachmittag war ich wieder einmal dort am „Inspiration Point". Ich setzte mich auf eine Bank und beobachtete die Möwen, die in geheimnisvoll geordneten Formationen im Wind zu balancieren schienen, ohne ihre graziös geschwungenen Flügel zu bewegen. Meine Augen schweiften zu den Picknicktischen am Ende des Weges. Eine Familie saß eng zusammen gerückt auf den Bänken und versorgte sich aus mitgebrachten Körben. Dort hatte einmal unsere Familie gesessen. Wie oft hatten wir hier unser Picknick mit Freunden und Bekannten veranstaltet. Meistens endete unser gemeinsamer Tag mit der Betrachtung des leuchtenden Sonnenuntergangs über den Wellen des rot schimmernden Pazifiks. Diesem Schauspiel verdankte der Platz übrigens auch den Namen Inspiration Point. Auf elektrischen Drähten, die über die Straße am Ende gespannt waren und wie Linien auf Notenpapier aussahen, saß ein Schwarm Tauben leise schaukelnd in der Brise. Im Geiste sang ich die Melodie, die sie in den Himmel malten: FF GG AAA. Und ich dachte mir einen Text aus für das Lied, das sie komponierten.

„Haben Sie die Wale gesehen?" Eine ältere amerikanische Frau, die damals neben mir auf der Bank saß, riss mich aus meiner Träumerei. Sie sprach mit der Leichtigkeit jener Menschen, die von Kind auf gewohnt sind, locker miteinander zu kommunizieren – etwas, was uns Europäern, die wir anders aufgewachsen sind, zwar gefällt, aber womit wir uns selbst schwer tun. „Sie sind schon zweimal aufgetaucht, und ich habe ihre Fontänen gesehen. Sehen Sie mal dort drüben!", und sie zeigte in eine bestimmte Richtung. Ich hielt meine Hand über die Augen, und wir starrten beide aufs Meer. „Ich habe noch nie einen Wal gesehen", sagte ich erwartungsvoll.

„Sie tauchen sicher gleich wieder auf", vertröstete mich die Frau nach einigen Minuten und begann mir zu erzählen, dass sie nahe am Ozean gewohnt hatte und häufig zugesehen hatte, wie die Wale in die Nähe der Felsen schwammen, um sich daran zu reiben, wie Bären sich an Bäumen reiben.

Irgendetwas in meinen Worten ließ die walkundige Dame mich mit unbeschwerter Neugier fragen: „Sie sind wohl nicht von hier?"

„Ich habe hier gelebt, aber jetzt lebe ich in Deutschland", antwortete ich. Ich war hier, ich bin hier – aber nicht von hier. Wieviel dieses kleine Wörtchen VON alles ausdrückte, welchen Abstand es schaffte! Man war ein Außenseiter – eben nicht von hier. Man beneidete die leichte Umgangsform der Einheimischen, deren akzentfreie Sprache, genoss das freundliche Miteinander an der Bushaltestelle oder im Geschäft, das natürliche nachbarschaftliche Verhältnis ohne Berührungsängste.

Doch selbst war man gehemmt, fühlte sich wie hinter einer gläsernen Wand, die den Besucher vom infektiös Kranken trennt. Man sieht sich, aber kann sich nicht berühren. Hier – aber nicht von hier. Doch das menschliche Bedürfnis, akzeptiert zu sein, ist stark. Darum auch der erste verzweifelte Versuch, sich von dem Wort VON und allem, was dazu gehörte, zu lösen. Reden können wie eine Amerikanerin, das würde helfen! „Zieh die Zungenspitze am Gaumendach entlang bis ganz hinten und sage ‚AH'. Na, wie hört sich das an, wie ein echt amerikanisches rollendes R? Nun, lege deine Zunge zwischen die Lippen und lispele. Ja, so ist es richtig. TH darf nie wie ein S ausgesprochen werden! Stell dich vor den Spiegel und wiederhole ‚the Street'. Immer wieder."

Und da waren die unbekannten Umgangsformen, die Schamesröte, die einem in die Wangen stieg, wenn man mal wieder einen Fehler gemacht hatte. „Nein, wir schütteln nicht bei jeder Begegnung die Hände." Oder: „Man fragt nach dem Restroom, nicht nach der Toilette." – „Man isst nicht mit Messer und Gabel in beiden Händen." Und diese dauernde Spannung, die neue Sprache auch grammatikalisch zu beherrschen. „Habe ich auch die richtige Endung benutzt? Heißt es ‚by' oder ‚to'?" All die kleinen Dinge, sie sind es, die jedem laut zurufen: *Ich bin hier – aber nicht von hier!* Dieses demütigende, aber nicht zu verdrängende Gefühl der Minderwertigkeit, trotz oder gerade wegen der freundlichen Bemühungen der Einheimischen, Verständnis und Akzeptanz zu demonstrieren. „Oh, Sie sprechen aber schon gut Englisch!"

An diesem bewussten Sonntagnachmittag wählte ich in Erinnerung an meinen Vater den „Europäischen Weg", um ein paar deutsche Wörter zu hören, die der Wind von drei Fremden herüberwehte, deren Wurzeln im gleichen Boden wie meine gegraben waren. Es war besser, als die Einladung anzunehmen, deren Zettel in meiner Tasche lag. Ein freundliche Herr aus meiner Gemeinde hatte sie mir am Morgen nach dem Gottesdienst überreicht. Er würde die Moderation des Nachmittags machen und sich freuen, wenn ich kommen würde. Aber als ich den Anlass las und wer diese Feier ausrichtete, hatte ich den Zettel zerknüllt in meine Tasche gesteckt. Nein, die Sponsoren waren „The Native Daughters of the Golden West", die gebürtigen Töchter des Goldenen Westens. Sie waren von hier und drückten es stolz in ihrem Namen aus. Das schloss mich aus.

Das alles kommt mir jetzt wieder in den Sinn. – Wie hatten sich wohl Charly und Emily während ihrer Studienjahre in Deutschland gefühlt? Komisch, diese Frage hatte ich mir damals nie gestellt, aber jetzt auf dem Weg zu ihnen in ihrer Heimat fällt sie mir plötzlich ein. Hatten sie dieses Fremdsein, das sich schon in ihrem asiatischen Äußeren kundtat, als ausgrenzend empfunden, inmitten einer Kultur, die als fremdenfeindlich verschrien ist? Oder war damals diese Fremdenfeindlichkeit mehr auf die dunkle Hautfarbe bezogen? Ich kann mich noch an die Zeit erinnern, als man einem „Mohren" in Berlin mit Faszination und Neugier nachstarrte und kleinen Kindern Angst vor dem „Schwarzen Mann" gemacht wurde.

Auch ein Erlebnis 1953 in Berlin hat sich in mein Gedächtnis eingebrannt. Unsere Familie freundete sich mit einem schwarzen Amerikaner an, der Schauspieler war und den wir in der Kirche kennen gelernt hatten. Er besuchte uns oft, spielte mit den Kindern und war uns in Freundschaft verbunden. Eines Tages, ich weiß den Anlass nicht mehr, stand ich allein mit ihm auf der Straße, und wir warteten auf meinen Mann. Die missbilligenden Augen der Vorübergehenden durchbohrten mich förmlich, und ich kam mir vor wie eine Aussätzige, verurteilt und ausgeschlossen aus der Gesellschaft. Obwohl die Situation nur ein paar Minuten dauerte, werde ich doch dieses Gefühl nie vergessen. Vielleicht bin ich in dieser Hinsicht besonders empfindlich, weil ich selbst meine Jugend als Ausgestoßene, Gehetzte und zum Tode Verurteilte erlebt habe.

Es ist so weit! Das Flugzeug setzt nach nur fünfundvierzig Minuten Flugzeit in Jakarta zur Landung an. Welch eine Wiedersehensfreude mit Charly und Emily! Schon während wir im Auto unterwegs sind, erzählen und erzählen wir. Ihr Haus ist geräumig, und ich bin in einem eigenen Gästezimmer mit Bad im Erdgeschoss untergebracht. Bis ein Uhr früh sitzen wir noch zusammen, und ich höre ausführlich, wie es ihnen nach der Zeit in Deutschland zurück in der Heimat ergangen ist. Die ersten drei Jahre nach der Rückkehr waren schwer, aber jetzt hat Charly eine gute Arbeit und seit einem Monat einen Firmenwagen. Emily ist jetzt nach einer Bauchhöhlen-Schwangerschaft zu Hause. Sie erzählt mir später unter vier Augen, dass sie sich überlegen, ein Kind zu adoptieren. Beide sind vierzig Jahre alt, und nach vielen vergeblichen Versuchen, durch künstliche Befruchtung ein leibliches Kind zu bekommen, müssen sie sich damit abfinden, kinderlos zu bleiben, was in ihrer Gesellschaft als Schande für die Ehefrau gilt. Ich bin erschrocken, als ich höre, unter welchem Druck die beiden stehen. Fünf Monate hintereinander hatte sie sich jeden Monat dem Versuch einer künstlichen Befruchtung ausgesetzt – jedes Mal ein kleiner Eingriff, jedes Mal viel innere Anspannung, jedes Mal eine Anästhesie. Und das Ganze ohne Erfolg. Der Druck von Seiten der Schwiegerfamilie war so enorm, dass Emily Charly schließlich anbot, sich scheiden zu lassen, was er aber kopfschüttelnd abgelehnt hat. Arme Emily! Was kann man ihr nur Gutes tun?

In dieser Situation muss ich an die millionenfachen Abtreibungen in den westlichen Ländern denken. Und hier bestraft die Gesellschaft Frauen mit Verachtung, die keine Kinder bekommen können. Mich macht dieser Gedanke zornig: Das ist doch hier wie dort ein Unrecht, das zum Himmel schreit!

In einer amoralischen Gesellschaft ist es legitim, die Verantwortung für die Konsequenzen des eigenen Handelns abzulehnen – und ungeborene Babys, kleine Menschen, werden entsorgt wie Wohlstandsmüll. Und oft genug werden Frauen zu dieser Entscheidung gedrängt. Und in der anderen auf ihre Weise amoralischen Gesellschaft werden Frauen abgelehnt und gequält, weil sie eine gesellschaftliche Forderung körperlich nicht erfüllen können. Ganz abgesehen davon, dass die Ursache für ungewollte Kinderlosigkeit auch beim Mann liegen kann. Ich bin erschüttert. Hier wie dort sind letztlich vor allem Frauen die Opfer. Sie erleben am meisten Seelenschmerz und Bitterkeit.

Wie gut, dass Charly und Emily sich gegenseitig beistehen und dass sie Gott hinter sich wissen.

Hier in Jakarta beginnt der Arbeitstag für viele schon früh am Morgen. Mit dem Sonnenaufgang ist alles, was Beine hat, unterwegs. Auf der Straßenseite gegenüber stellt ein Zuckerrohrsaft-Verkäufer seinen Karren auf. Ich schaue ihm zu. Durch eine altmodische per Hand angekurbelte Walze wird das lange Rohr ausgepresst. Schulkinder bleiben stehen und kaufen einen Becher des süßen Saftes. Männer laufen wiegenden Schritts mit Bambusrohren über den Schultern, an die sie verschiedene Lasten gehängt haben. Autos und Rikschas bevölkern die Straße um diese frühe Morgenstunde. Ich blicke auf einen Mangobaum, der vor dem Haus steht.

Auch hier gibt es viele Käfer und Insekten, und wir haben einen Gecko an der Wand, der im Wohnzimmer Insekten fängt. In der Couch, auf der wir am Abend saßen, müssen Mäuse wohnen. Ein grauer Hund mit Namen Tamtam schnüffelt daran herum. Als ich barfuß über die Fliesen laufe, spüre ich einen brennenden Schmerz im Zeh. Das war wohl der ganz persönliche Begrüßungsgruß einer Ameise.

Zwei Hausmädchen, die eine fast noch ein Kind, richten das Frühstück. Sie kommen aus einem kleinen Dorf in den Bergen. Emily erklärt, dass sie das zweite Mädchen aus Mitleid zu sich genommen haben. Außerdem wohnt noch eine zwölfjährige Nichte bei ihnen, die vom Land kommt und hier zur Schule geht. Nach dem Frühstück mache ich mich auf den Weg in die Stadt.

Der Verkehr hier ist hektisch. Überall sind die Straßen von Verkäufern umsäumt, die auf Karren ihre Waren feilbieten. Menschen über Menschen quälen sich durch das dichte Treiben. Nach Singapur mit seinen sauberen, weiten Straßen und den gepflegten Bauten der Innenstadt ist das hier ein starker Kontrast, an den man sich erst gewöhnen muss.

Wir kommen gut im Büro der Fluggesellschaft an. Leider höre ich dort eine schon allzu bekannte Nachricht: Nach Sydney, meinem nächsten Halt auf der vorgegebenen Route, sind alle Flüge bis zum 1. Dezember ausgebucht. Ich habe also zwölf Tage Zeit, um hier die Gegend an Emilys Seite zu erkunden. Zuallererst machen wir beide jetzt eine geführte Stadtrundfahrt, und dann gehen wir in einem großen Hotel zum Mittagessen. Ein Verwandter, der dort angestellt ist, führt uns zu einem langen Büfett, wo wir allerlei Köstlichkeiten probieren können. Der Verwandte ist sehr freundlich und bietet an, sich um mein Flugticket nach Sydney kümmern zu wollen.

Als wir wieder unterwegs sind, entdecke ich ein Reisebüro und buche für Emily und mich eine kleine viertägige Reise nach Bali. Abends kommen wir fröhlich nach Hause und setzen uns mit Charly zusammen zu einem guten Essen, das die beiden jungen Mädchen gekocht haben. Kochen ist hier eine aufwändige Beschäftigung, erfahre ich, als ich nachfrage. Man geht auf den Markt und feilscht um ein Huhn oder Gemüse. Und das braucht immer seine Zeit, denn feste Preise oder gar Preisschilder gibt es nicht. Das scharf gewürzte Essen ist schmackhaft zubereitet und abwechslungsreich. Viele kleine Schalen, aus denen man sich selbst bedient, bedecken den Tisch. Ich denke an die indonesische Reistafel, die ich zu Hause einmal gegessen habe. Hier ist das unübertroffene Original davon!

Während wir uns unterhalten, rennen plötzlich riesige, beinahe rattengroße Mäuse durch den Raum, direkt an dem grauen Hund Tamtam vorbei, der schläfrig bleibt und keine Notiz von ihnen nimmt. Alles in allem war es ein wunderbarer Tag.

Leider wird die Nacht nicht ganz so wunderbar. Trotz Mückenspray werde ich – immer im Abstand von einer halben Stunde – von vier riesigen Moskitos gebissen. So liege ich mehrere Stunden wach und kann vor Jucken nicht mehr einschlafen. Aber, Gott sei Dank, habe ich eine gute Malaria-Prophylaxe.

Am nächsten Morgen fahren Emily und ich mit dem Taxi nach Bandung, wo ihre Eltern leben. Ihre Mutter, eine Juristin, habe ich bei einem ihrer Besuche in Deutschland schon kennen und schätzen gelernt, und ich freue mich auf ein Wiedersehen mit ihr. Vier Stunden fahren wir mit dem Taxi auf chaotischen Straßen nach Bandung. Auf dem Weg werde ich Zeuge eines schrecklichen Unfalls, der wie in Zeitlupe seither immer wieder vor meinem Auge abläuft. Ich kann ihn nicht verdrängen.

Nachmittags um vier Uhr erreichen wir das Haus der Eltern. Der Innenhof besteht aus einem tropischem Patio-Garten mit riesigen Farnen, Orchideen und einem Teich mit Fischen und Fröschen. Auf einer Stange sitzt ein Kakadu und erfüllt die Luft mit seinen durchdringenden Schreien. Besonders wenn wir uns von ihm entfernen, schreit er wie ein Kind nach seinen Eltern. Mutter Sylvia umarmt mich herzlich und stellt mich ihrem Mann und Emma vor, die ihnen im Haus hilft. Dann setzt sie sich ans Klavier, Emma nimmt eine Gitarre und händigt uns ein Liederbuch mit selbst gedichteten und komponierten Liedern von Sylvia aus. Wir sitzen im Kreis und singen in Englisch gemeinsam die mir unbekannten Lieder. Was für eine talentierte Frau!

Augenblicklich ist Sylvia mit den Vorbereitungen für ein

Weihnachtsspiel in ihrem Haus beschäftigt, das sie selber geschrieben hat und leitet. Etwa hundert Gäste werden dazu erwartet. Beim Essen im Garten, das die Hausherrin gekocht hat, erfahre ich, dass ihr Mann Hauptmann der Armee war und jetzt Geschäftsmann ist, und dass er seine Frau voll in ihrem Engagement als Christin unterstützt, für das sie ihre aufsteigende Karriere als Juristin irgendwann an den Nagel gehängt hat. Unsere Gespräche werden begleitet von den entrüsteten Schreien des Kakadus, der sich im Hintergrund darüber zu beschweren scheint, dass er nicht dabei sitzen darf.

Am nächsten Tag fährt uns Emilys Vater hoch hinauf zu einem nicht mehr aktiven Vulkan. Voller Neugierde schauen wir in den jetzt ruhigen Schlund, der mehr als einmal Feuer und Asche spie und das Land rundherum bedrohte. Von oben hat man einen weiten Blick über die Landschaft von Java.

Am Nachmittag wartet eine andere Art Überraschung auf mich. Emily will sich eine Dauerwelle machen lassen, und ich entscheide mich auch dafür. Mit so viel Personal bin ich noch nie bedient worden. Zeitweilig stehen sechs Mädchen um Emily herum und arbeiten an ihrem festen tiefschwarzen Haar. Auch um mich machen sich viele Mühe. Dreieinhalb Stunden später und um ganze zehn Dollar leichter kommen wir frisch gestylt aus dem Laden heraus. Nun können wir nach Bali fahren!

Wir sind in Hochstimmung und machen noch einen kleinen Abstecher in mehrere Kleidergeschäfte. Emily kann handeln! Am Ende ist alles etwa ein Viertel billiger als bei der ersten Auskunft. Auf dem Weg nach Hause hält sie an einem Obststand. Immerhin fünf Minuten braucht es, bis man sich über den Preis einig wird. Das gehört hier einfach zum Lebensstil dazu, dieses freundliche Hin und Her, nicht verbissen oder aufgeregt, wie in manchen arabischen Ländern, sondern ganz gelassen. Jeder behält die Geduld und wahrt sein Gesicht und ist am Ende zufrieden.

Am nächsten Tag bringen uns die Eltern zum Zug, und wir fahren in der klimatisierten ersten Klasse wie in einem Intercity. Welch ein Kontrast zu meiner indischen Zugfahrt! Nach eineinhalb Stunden Flug mit Garuda Airline landen wir auf der bezaubernden Insel Bali, von der ich schon so viel gelesen und gehört habe. Unser Hotel liegt direkt am Strand, und wir wohnen in einem Bungalow beim Swimmingpool, das Ganze mitten in einem hübschen Garten. Drei Tage lang fährt uns ein Fahrer, den Emily für uns angeheuert hat, über die Insel. Es ist etwas anderes, ob man als ausländischer Tourist einen Privatwagen engagiert oder ob ein Einheimischer das tut. Emily bleibt im Gespräch mit dem Mann, und er tut alles, um uns den Tag so ausgefüllt und ereignisreich wie möglich zu gestalten. Madé heißt er, und er ist Hindu aus einer niedrigen Kaste.

Wir sehen alle Naturschönheiten, von dem hohen Vulkan Penelokan bis zu dem Strand, auf dem eine andächtige Schar den Sonnenuntergang beobachtet. Wir sehen Hindu-Tänze, den berühmten Affentanz mit dem Männer- und Knabenchor. Wir hören die typische Gamelan-Musik und sehen das Schattentheater mit einem Stück über den Machtkampf zwischen Gut und Böse. Fasziniert sind wir von den Jungen und Mädchen, die balinesische Tänze darstellen und mit graziösen Finger- und Kopfbewegungen schwierige Figuren tanzen. Ein kleines Mädchen mit ernstem Gesicht tanzt am Strand zwanzig Minuten lang, ohne auch nur eine der Figuren zu wiederholen. Anmutige Frauen tragen Obst und Blumenopfer zu hohen Türmen aufgebaut auf ihren Köpfen zum Tempel. Und wir kommen an einer so genannten heiligen Quelle vorbei, deren Wasser heilen soll.

Am Morgen fahren wir zum Affenwald. Madé warnt uns davor, Sonnenbrillen zu tragen, da die Affen sie sonst stibitzen würden. Wir laufen unter hohen alten Bäumen immer tiefer in den Wald hinein, bis wir endlich das uralte Affenheiligtum sehen. Die Affen scheinen gut zu wissen, dass sie hier die

Hauptattraktion sind und erlauben sich alles mit den Touristen. Sie springen unerwartet auf die Schulter eines erschreckten Opfers und lassen sich fotografieren. Plötzlich greift einer Madés rote Mütze und springt schnell davon. Madé rennt hinter ihm her. Der Affe macht sich einen Spaß mit ihm und läuft immer wieder mit seiner Beute weg. Erst für ein Päckchen Erdnüsse lässt er sie fallen und macht sich daran, seinen Preis zu genießen. Andere Affen benehmen sich wie Kinder in einem Schwimmbad. Sie springen von oben in ein Wasserbecken und spritzen und planschen, alles zur Erheiterung der Besucher. Als wir wieder beim Ausgang sind und ich meine Sonnenbrille aufsetze, springt mich plötzlich ein Affe an und reißt mir die Brille von der Nase. Das passiert so blitzschnell, dass ich überhaupt nicht sagen kann, woher er gekommen ist. Also muss ich das „Pfand" auch wieder auslösen – gegen zwei Tüten Erdnüsse. Jetzt kann ich besser verstehen, warum meine indische Begleiterin auf dem Bahnhof solche Angst vor Affen hatte: Die Schnelligkeit und Zielgenauigkeit der Attacke hat etwas Erschreckendes an sich. Erst einen Moment danach kann man wieder lachen.

In Bali erlebe ich zum ersten Mal in meinem Leben, dass ich wegen Überhitzung aus dem Swimmingpool des Hotels heraussteigen muss. Das Wasser ist so warm, dass ich darin mehr schwitze als draußen am Strand in der Mittagssonne. Auf einer Fahrt mit einem Glasbodenboot erschließt sich uns die vielfarbige Unterwasserwelt, und wir staunen über die bunten Fische in dem glasklaren Wasser.

Unterwegs fallen uns die vielen Geisterhäuschen vor jedem Anwesen auf, die mit frischen Blumen geschmückt sind. Auch auf Straßenkreuzungen liegen frische Blumen als Opfergabe für die Götter. Als ich ihn daraufhin frage, antwortet Madé: „Die Leute hier haben große Angst vor den bösen Geistern. Darum bringen sie überall Opfer, um sie zu beschwichtigen. Es gibt alte Menschen, die vor lauter Angst gar nicht mehr richtig schlafen können.“ In diesem Gespräch erschließt sich uns ein wenig von der dunklen Seite dieser mit so viel Naturschönheiten gesegneten Insel.

An einem Hindutempel mache ich ein Bild von einer Maske, die Geister abwehren soll, zwischen deren gefletschte Zähne jemand eine leuchtend rote Hibiskusblüte gesteckt hat. „Hast du auch Angst, Madé?“, frage ich unseren treuen Fahrer. Er nickt. Emily übersetzt ihm, dass Christen keine Angst vor bösen Geistern haben müssen, weil Jesus den Bösen besiegt hat. Ich erkläre mit wenigen Worten, dass sie keinem etwas anhaben können, der zu Christus gehört, und wie man Christ werden kann. Madé hört aufmerksam zu.

Am letzten Tag, bevor wir uns in Denpasar von ihm verabschieden, hält Madé eine kleine Rede, und Emily übersetzt. „Ich möchte Ihnen danken, dass Sie mir Arbeit gegeben haben. Es war mir eine Freude, mit Ihnen umher zu fahren. Wenn ich irgendwann einmal etwas gesagt oder getan haben sollte, was Ihnen wehgetan hat oder Sie beleidigt hat, dann vergeben Sie es mir bitte. Ich wünsche Ihnen beiden weiterhin eine gute Reise!“ Mein Herz ist angerührt von der Herzensbildung dieses einfachen Menschen, der manchem hochgebildeten Europäer so viel voraus hat. Von wem hätte ich in Europa eine solche Rede erwarten können?

Nach einem großen Glas mit frisch gepresstem Mangosaft machen wir uns auf zu unseren Flügen. Emily wird nach Jakarta zurück fliegen, und für mich geht es in die entgegengesetzte Richtung: nach Surabaya im Osten der Insel, und später von dort aus nach Batu. Danach wollen wir uns wieder in Jakarta treffen.

Nach einem kurzen Flug von einer drei viertel Stunde, bei dem ich zum ersten Mal von oben einen rauchenden Vulkan beobachten kann, landen wir in Surabaya. Im Dunkeln und bei Regen komme ich bei meinen Freunden in Batu an. Wir kennen uns seit dem Beginn unserer gemeinsamen Jugendarbeit in Koblenz 1959. Damals war Dr. Erhard Schneider als Pfarrer aus der bayerischen Landeskirche ausgeschlossen worden, weil seine Frau und er die Kinder nicht taufen ließen, und so wurde er Lehrer an einer berufsbildenden Schule. Jahrelang haben wir gemeinsam mit jungen Menschen viel Zeit verbracht und ihnen auch Jesus und die Bibel vertraut gemacht. Dann ging Familie Schneider zuerst nach Paraguay und später nach Batu, wo Erhard im Auftrag einer deutschen Missionsgesellschaft als Dozent an einer Bibelschule unterrichtet. Wir sitzen am Abend noch lange zusammen und erzählen. Bevor ich zu Bett gehe, wird mir vorsorglich eine nächtliche Ruhestörung angekündigt. Um halb vier in der Frühe weiß ich, wovon die Rede war: dann nämlich werden wir vom durchdringenden Gesang des Muezzin geweckt, der zwei Mal zum Gebet ruft, einmal um halb vier und einmal um vier Uhr.

Nachdem Erhard um sieben Uhr das Haus verlässt, um zum Unterricht zu gehen, sehe ich mir die Umgebung an. Mir fällt ihr Schäferhund auf, der sich kaum auf den Beinen halten kann und langsam durch die Gegend schleppt. Man erklärt mir, dass viele Menschen in dieser Gegend aus ihrer religiösen Überzeugung heraus Hunde hassen und ihnen vergiftetes Fleisch vorwerfen, um sie zu töten. Und dieser arme Hund hat wohl etwas davon gefressen. Am Abend vorher hatten wir uns über die unterschiedliche Mentalität von Asiaten und Deutschen unterhalten. Ein strikt disziplinierter Typ wie Erhard hat es hier schwer mit der gängigen Laisser-faire-Einstellung. Aber wie damit umgehen? Eine weitere große Herausforderung ist der

Umgang mit Kritik, da es hier als große Schmach angesehen wird, „das Gesicht zu verlieren". Also Keep smiling – oder?!

Später führt mich Lous durch die Bibelschule, erklärt mir alles und stellt mich einigen Kollegen der Fakultät vor. Zurzeit studieren zweihundertfünfzig Studenten hier, um einmal Pastoren oder Evangelisten zu werden. Ich werde für den morgigen Tag eingeladen, während der Morgenandacht der Studenten ein Zeugnis zu geben. Lous fährt mit mir hoch hinauf in die Berge, wo ein Freizeitheim steht. Es gibt dort Plantagen voller Apfelbäume, die zwei Mal im Jahr tragen. Auf meine Frage, wie das möglich ist, erklärt mir Lous, dass nach der ersten Ernte alle Blätter mit der Hand abgerupft werden. Der Baum wertet die blattlose Zeit wie einen Winter, schlägt erneut aus und bringt wieder Frucht. Das klingt in meinen Ohren etwas unnatürlich und fast etwas brutal. Aber machen wir nicht das Gleiche mit den armen Legehennen, die Tag und Nacht mit elektrischem Licht beschossen werden, damit sie mehr Eier legen?

Abends versammelt sich eine Gruppe von fünfzehn Studenten, die Erhard intensiver betreut, zu einer wöchentlichen Zusammenkunft in ihrem Haus. Lous und ich fahren in ein Hotel, das ein Telefon hat, und warten auf ein Gespräch nach Jakarta. Endlich haben wir die Verbindung, aber Emily kann mir nichts Neues über mein Ticket nach Sydney berichten. Das kurze Gespräch kostet acht Dollar.

Zurück im Haus lerne ich einige Dozenten der deutschen Fakultät kennen und bin besonders beeindruckt von einer deutschen Theologieprofessorin, die als Vertreterin der historisch-kritischen Methode der Bibelauslegung bekannt ist und in Deutschland mehrere Bücher veröffentlicht hat. Durch eine christliche Gruppe hat sie inzwischen eine persönliche Begegnung mit Jesus erlebt, die ihr Leben und ihre Theologie verändert hat. So hat sie einige Bücher widerrufen und neue geschrieben. Jetzt lehrt sie hier und scheint rundherum zufrieden zu sein mit ihrem Leben.

Diese Dozentin, Erhard und ein paar andere laden mich ein, hier zu bleiben, um am Seminar Englisch zu unterrichten. Aber das würde bedeuten, so spät im Leben noch eine neue Sprache lernen zu müssen, die keinerlei Ähnlichkeit mit anderen hat und keine Deklinationen kennt. Das würde sehr schwierig für mich werden. Ich bewundere Erhard und Lous, die nach drei Jahren nicht nur die Landessprache sprechen, sondern auch Vorträge halten können, nachdem sie schon Spanisch und Englisch, Holländisch und Deutsch beherrschen, neben Griechisch, Hebräisch und Latein. Dazu braucht man neben einer gewissen Sprachbegabung auch sehr viel mehr Entschlossenheit, als ich sie für ein solches Projekt bisher hatte.

Die Tage vergehen schnell. Zum Abschied lade ich meine Freunde zum Essen ein. Wir fahren nach Malang in ein chinesisches Restaurant. Es hat den Charme einer Bahnhofswartehalle mit seinem Neonlicht, der hohen Decke und den langen Tischen, an denen Dutzende von Familien sitzen. Aber – das Essen schmeckt gut.

Am nächsten Morgen steht Erhard bereits um vier Uhr auf. Die Studenten und Fakultät beten jeden Samstag von fünf bis sieben Uhr morgens für die Mission. Danach wird zusammen gefrühstückt, und dann fahren mich meine lieben Freunde schon wieder nach Malang, und ich muss mich verabschieden. Ich bin dankbar für ihre Gastfreundschaft und den gemeinsamen Glauben, der uns schon all die Jahre verbindet.

Jetzt geht es noch einmal zurück nach Jakarta, zu Emily und Charly. Dort sind ein paar ruhige gemeinsame Tage geplant – und dann steht ja auch schon bald der Flug nach Sydney bevor.

Nachdem ich mich von den Hausmädchen verabschiedet habe, fahren mich Charly und Emily den langen Weg zum Flugplatz. Sie begleiten mich bis zur Passkontrolle und warten, bis ich mich zum letzten Mal umdrehe und winke. „Einen Moment, bitte." Der Beamte blättert durch meinen Pass. „Sie haben kein Visum", erklärt er. „Ohne Visum können Sie nicht nach Australien einreisen." Was? Das war mir nicht bewusst, dass man ein Visum braucht. Es hilft alles nichts. Das war mein Fehler. Jetzt ist es zu spät. Hilfe suchend drehe ich mich um. Gott sei Dank sind Emily und Charly noch da. Wie ein begossener Pudel kehre ich zu ihnen zurück. Wieder verladen sie mein Gepäck in ihr Auto. Die lange Autofahrt hin und zurück – für nichts und wieder nichts! Die Hausmädchen schauen mich erstaunt an, als ich auftauche. Wenigstens werde ich in Sydney nicht erwartet. Aber trotzdem. Warum geschehen solche Dinge, die unsere Pläne einfach über den Haufen werfen? Und wie kann man gut damit umgehen?

Die normale Reaktion ist erst einmal Ärger und Aufregung. Aber was macht man mit seinem Ärger? Manche versuchen, ihn zu unterdrücken. Aber dann brodelt es – vielleicht unbemerkt – weiter. Oder man sieht seinen Ärger hochkochen und lässt ihn an der Umgebung aus, wo es meistens einen Unschuldigen trifft, wenn man Dinge tut oder Worte sagt, die einem im Nachhinein peinlich sind und für die man Abbitte tun muss. Oder man beschuldigt Gott: „Warum lässt du das zu?" Wie oft habe ich von Menschen diesen Satz voller Anklage gehört. Ganz abgesehen davon, dass man in vielen Fällen selbst Schuld hat wie ich hier mit meinem fehlenden Visum: Als ob sich Gott vor seinen Geschöpfen verantworten müsste! Niemals habe ich das je einen Menschen sagen hören, wenn ihm ein unerwartetes Glück zufiel: „Warum lässt Gott das zu?" Als ob das Gute selbstverständlich wäre und uns zustehen würde, gerade so, als ob wir es uns verdient hätten. Irgendwie eine ziemlich egozentrische Vorstellung.

Trotzdem, es gehört schon eine große Portion Treue und

Vertrauen dazu, Gott in allen Umständen zu glauben, dass er uns im Auge hat und Gutes mit unserem Leben im Sinn hat. Obwohl mein Lebensmotto ein entsprechender Satz aus dem Römerbrief (Kapitel 8,28) ist: „Wir wissen, dass denen, die Gott lieben, alle Dinge zum Besten dienen", fällt es mir doch manchmal schwer, Gott nicht kurzsichtigerweise der Untreue zu beschuldigen, wenn die äußeren Umstände diesen – falschen – Schluss nahe zu legen scheinen. Wie klein ist da mein Vertrauen manchmal Gott gegenüber, obwohl er sich so oft als absolut vertrauenswürdig erwiesen hat.

Aber ich denke, dass Gott mein Herz kennt, mich auch dann versteht und mir beistehen will, in kleinen wie in großen Schwierigkeiten.

Ich erinnere mich an Jesu Beispiel im Garten Gethsemane. Obwohl er wusste, dass er auf die Welt gekommen war, um für die Schuld der Menschen zu sterben, und obwohl er seine engsten Freunde sogar dreimal darauf vorbereitete, war es für ihn alles andere als einfach, den richtigen Weg zu gehen. Die verhaltene Schilderung des eigentlichen Todeskampfes in der Einsamkeit des nächtlichen Gartens, während seine Jünger ihn im Stich ließen und einschliefen, gibt uns einen Einblick in die ungeheure Auseinandersetzung zwischen Jesus und dem Fürsten der Finsternismächte. Die Versuchung, die schon am Beginn des öffentlichen Dienstes Jesu stand und mit den Worten endete: „Und Satan verließ ihn für eine Zeit", findet in dieser Szene im Garten Gethsemane ihren Höhepunkt. Der Satan wusste, dass er am Kreuz besiegt werden würde, und er bot all seine Macht auf, Jesus davon abzuhalten. Bis aufs Blut kämpfte Jesus mit dem Widersacher. „Nimm diesen Leidenskelch von mir!", schrie er zu seinem Vater. Erschöpft und am Ende seiner Kräfte rang er sich zu den Worten durch, die seither jeder ernste Nachfolger Jesu im eigenen Leben nachgebetet hat, oft unter Tränen und Schmerzen: „Nicht mein, sondern dein Wille geschehe."

In meinen Augen bedeutet das, dass auch wir manchmal mit

Umständen, die uns Leiden verursachen, zu kämpfen haben – und dass wir uns dann an Gott wenden können, um die Kraft zu finden, das Richtige zu erkennen und zu tun.

Hier ging es ja nun um eine vergleichsweise kleine Angelegenheit. Und ich weiß jetzt: Den entscheidenden Fehler habe ich selbst gemacht. Aber im Moment bin ich einfach noch enttäuscht, und es ist mir peinlich, nach einem Abschied wieder zurückkehren zu müssen.

Den nächsten Tag verbringe ich zwischen dem australischen Konsulat und dem Fotografen für Passbilder. Nach dem Ausfüllen von einigen Formularen habe ich endlich mein Visum, aber ich muss wieder eine Woche auf das nächste Flugzeug warten. Ich entschließe mich, die Zeit in Jogjakarta zu verbringen, und freue mich, dass ich noch einmal bei den treuen Freunden bleiben kann.

Nach dem Abendessen sitzen wir zusammen und unterhalten uns. Zum ersten Mal hat Charly eine Bibel in der Hand und liest einen Abschnitt vor, dann tauschen wir uns aus. Es ist ein tief gehendes Gespräch, nicht nur das Übliche, das bei solchen Besuchen oder nach so einer Aufregung oft geredet wird. Wir reden zum ersten Mal zu dritt sehr, sehr persönlich miteinander, und Emily erzählt noch einmal ganz offen von den Schwierigkeiten, Schmerzen und all den Verletzungen der vergangenen Jahre. Es bricht förmlich aus ihr heraus. Sie schildert, wie sie sich gefühlt hatte, als sie ihre Arbeitsstelle verlor. Dann die Enttäuschungen über die Kinderlosigkeit und die Ablehnung der Familie. Charly spricht diesmal sehr direkt über seine Gedanken und Gefühle in dieser Zeit. Wir haben noch tieferes Vertrauen zueinander gewonnen, und ich versuche, die beiden zu trösten und aufzubauen, wie sie mich getröstet haben, und dabei ihren Glauben zu stärken und ihnen Hoffnung zu geben. Dann beten wir alle. Auf einmal muss ich denken: *Wie gut, dass ich gestern nicht fliegen konnte. Vielleicht musste das jetzt so sein. Wir brauchen uns. Wir haben Verantwortung füreinander, und wir können uns gegenseitig helfen, die inneren Lasten zu tragen.*

Wenn ich ehrlich bin: Wie oft bin ich schon Gottes Auftrag zur gegenseitigen Verantwortung nicht gerecht geworden. Wie oft gab es kurze Besuche, bei denen viel über Ereignisse der Vergangenheit ausgetauscht wurde, ohne an die Probleme des Augenblicks anzuknüpfen, und es gab weder Hilfe für den Moment noch etwas Bleibendes für die Ewigkeit. „Seid einander Gehilfen zur Freude“, das ist Gottes Auftrag an seine Nachfolger. Das bedeutet zu wissen, wo der andere im Augenblick steht, wo seine Schwierigkeiten und Probleme liegen, mit denen er nicht klar kommt. Erst dann kann ich richtig auf ihn eingehen. Aber im richtigen Moment das Richtige zu sagen oder eben auch zu schweigen, erfordert Takt, Einfühlungsvermögen und ein großes Maß an Offenheit und Empathie. Und noch etwas anderes scheint wichtig zu sein: Wenn ich meine eigenen Schwächen und Probleme nicht hinter einer freundlichen Maske verstecke, sondern darüber rede und mich verletzbar mache, dann ermutige ich den anderen auch zur Offenheit und zum Vertrauen. Das habe ich immer wieder erlebt. Vertrauen schafft Vertrauen. Und nur auf dieser Basis ist ein echtes Gespräch überhaupt möglich. Alles andere ist – im doppelten Wortsinn – Unterhaltung.

Am nächsten Morgen fährt mich Charly zum Flughafen.

Dieser Flug dauert eine Stunde. Dann bin ich in Jogjakarta. Allein. Ab jetzt bin ich ganz auf mich gestellt. Ich spüre langsam: Der Gedanke macht mir keine Angst mehr. Allmählich gewöhne ich mich an den Umgang mit Taxifahrern, Hotelangestellten, Verkäufern und Bediensteten. Es macht mir zum Beispiel nichts mehr aus, mit einem Taxifahrer wegen des Fahrpreises zu verhandeln und, wenn es sein muss, auch wieder auszusteigen, wenn er keinen Taxameter in seinem Wagen hat. Außerdem habe ich von Emily gelernt, dass man beim Einkaufen feilschen muss, obwohl mir das gar nicht liegt. Ich komme voran!

Vom Hotel aus unternehme ich verschiedene Ausflüge und lerne die Stadt samt näherer Umgebung kennen. Ein Ganztagesausflug bringt uns vierzig Kilometer weit nach Borobudur, zum größten buddhistischen Tempelkomplex ganz Asiens aus dem neunten Jahrhundert. Mit drei Reisenden aus Regensburg klettere ich bis zum höchsten Punkt des Monuments. Von dort aus hat man einen wunderbar weiten Blick bis zu den Bergen. Obwohl es erst neun Uhr morgens ist, brennt die Sonne bereits auf uns herab – und ich bin froh, dass ich einen Schirm dabei habe. Wir fahren durch grüne Reisfelder und fruchtbares Land, immer höher in die Berge. Auf Terrassen wird bis zum höchsten Gipfel Gemüse und Obst angebaut. Je höher wir kommen, desto kühler wird es. Unterwegs fahren wir durch kleine, geschäftige Dörfer. Die Kinder winken und lachen, selbst die Straßenarbeiter und Fußgänger winken uns zu – ausgesprochen freundliche Menschen sind das hier! Die Straßen sind von hohen roten und gelben Cannasblüten gesäumt. Lastwagen mit sauber aufeinander getürmten Kohlköpfen fahren ins Tal hinunter. Auf Plantagen sehe ich Nelkenbäume, die wie ovale Orangenbäume aussehen.

Der Fahrer chauffiert vorsichtig auf den kurvigen Straßen durch die Berge. Er hält ab und zu und pumpt einen Reifen auf. Wieder einmal halten wir bei einem Reisfeld, und sein Co-Pilot hilft ihm beim Reifenwechsel. Wir wandern ein bisschen in der Gegend umher und nehmen Bilder von der wunderschönen Umgebung auf. In respektvoller Entfernung steht etwa ein Dutzend Kinder und beobachtet die merkwürdigen Fremden. Wie anders als die indischen Kinder, die wie die Kletten an einem hingen und dauernd bettelten. Ich habe hier noch keine bittende oder fordernde Hand gesehen, außer einigen wenigen Bettlern am Straßenrand. Die Menschen haben offensichtlich genug zum Essen und Trinken und sind an ihr einfaches Leben in ihren kleinen Häuschen gewöhnt. Die Natur ist überreich und das Wetter immer warm. Während wir warten, gibt es einen plötzlichen Regenschauer, der in einem wunderschönen Regenbogen endet – für uns alle eine kleine Erfrischung, die man gerne genießt.

Es wird früh dunkel, schon gegen achtzehn Uhr. Eine Stunde später kommen wir nach einem herrlichen Tag voller schöner Eindrücke wieder im Hotel an. In den nächsten Tagen unternehme ich auf eigene Faust ein paar kleine Ausflüge mit dem Pedcak, einer Fahrrad-Rikscha. Die Fahrer, die vor dem Hotel parken, sprechen praktischerweise etwas Englisch. Sie fahren mich stundenlang zu allen Sehenswürdigkeiten, warten geduldig, bis ich von einem Zoobesuch wiederkomme, und freuen sich wie ein Schneekönig, wenn sie nach einem Vormittag fünf Dollar erhalten.

Nach einigen Tagen habe ich alles Interessante gesehen. Was nun? Im Hotel entdecke ich einen Hinweis auf ein „Beach Resort“ – *wunderbar, ein Ferienort am Ozean*, denke ich, *das ist jetzt genau das Richtige. Das wäre doch ein schöner Tagesausflug*. Ohne weitere Fragen zu stellen, erkundige ich mich bei einem Pedcak-Fahrer, wie ich dorthin komme, und er gibt mir Instruktionen: „Sie müssen erst mit dem Minibus zum Bahnhof fahren. Dort in den anderen Minibus umsteigen und an einer bestimmten Straße aussteigen. Und dort den Minibus nach Samas nehmen.“ Es hört sich nicht allzu kompliziert an, und ein Hauch von Abenteuer lockt mich. Mit Strandtasche und Sonnenschirm (eigentlich mein Regenschirm!) mache ich mich auf den Weg. Die Welt steht mir offen!

Endlich sitze ich neben dem Fahrer in einem voll gepressten Minibus nach Samas. Erst als alle Plätze besetzt sind, fahren wir ab. Jeder der Fahrgäste kommt schwer beladen mit Säcken, Körben oder Bündeln an, und ich staune, wie der Fahrer alles verstaut. Zwei Säcke liegen zu unseren Füßen. Der Bus hält oft, und je näher wir dem Meer kommen, desto leerer wird es und desto erfrischender ist die Luft. Dann hält der Bus. Endstation. Ich sehe weder Wasser und Strand noch eine Ortschaft, nur vereinzelte Häuser. Und niemand versteht Englisch. Ich versuche dem Fahrer und Beifahrer mit Gesten – nämlich mit Schwimmbewegungen – verständlich zu machen, dass ich zum Strand will. Sie fahren mich querfeldein in die Richtung, in der wohl das Meer liegt, und halten dann an. Ich frage: „Samas?“, und sie deuten auf einige Hütten, die vor den Dünen liegen. Das soll ein „Beach Resort“ sein? Mir bleibt nichts übrig, als auszusteigen. Ich zeige auf meine Uhr und versuche in Zeichensprache deutlich zu machen, dass sie mich in zwei Stunden wieder hier abholen sollen. Sie lächeln und warten auf ein Trinkgeld. Ich öffne meine Geldbörse. O weh! Ich habe nur „großes Geld“, einen Fünfhundert-Rupien-Schein. Das letzte Kleingeld habe ich für den Fahrschein ausgegeben. Als sie sehen, dass nichts für sie herausspringt, schließen sie die Tür. Noch einmal versuche ich zu sagen, dass sie mich in zwei Stunden wieder abholen sollen, und dass sie dann die fünfhundert Rupien bekommen. Aber sie lachen nur und brausen davon. Jetzt stehe ich da, mitten in dieser einsamen Gegend, und blicke ihnen nach. Wie dumm und frustriert komme ich mir in solchen Momenten vor, in denen die Kommunikation einfach nicht klappt.

Was bleibt mir übrig? Ich stapfe also durch tiefen grauen Sand auf die armseligen Hütten mit ihren Palmdächern zu. Ohne nach rechts und links zu blicken, laufe ich mit gesenktem Kopf immer weiter. Ich stelle mir vor, wie argwöhnische Blicke mich verfolgen. *Was will die hier? Wer ist das nur?* Ich muss doch einen merkwürdigen Anblick bieten, eine ausländische Frau mit Badetasche und Plastiktüte voller Essen – und ganz allein. Ich komme mir selbst komisch vor in dieser Einöde. Von wegen „Beach Resort“. Du liebe Güte! Einen verlasseneren Ort kann ich mir im Augenblick kaum vorstellen.

Endlich stehe ich auf der Höhe der Dünen und kann den Ozean und den Strand sehen. Menschenleer. Das Erste, was mir ins Auge fällt, ist ein großes Holzschild mit dem Wort: „DANGER!“ Gefahr. Eine Warnung, wegen gefährlicher Strömungen hier nicht zu schwimmen. Na wunderbar, auch das noch! Der nasse Sand ist schwarz wie die Nacht, und man sinkt beim Gehen tief ein. Der Strand fällt steil ab, und Wellen kommen aus mehreren Richtungen. Nun, vielleicht finde ich hier schöne Muscheln. Ich laufe am Wassers entlang, ohne auch nur die winzigste Muschel zu sehen. Nur kleine Krabben, die vor mir Reißaus nehmen, kann ich entdecken. So weit ich blicken kann, ist da kein Mensch, außer ganz entfernt zwei Strandfischern. Langsam laufe ich durch den schwarzen Sand. Als ich an den Fischern vorbei komme, sehe ich, dass sie lange Leinen ausgeworfen haben, aber noch keine Fische gefangen haben. Ich will nicht wortlos an ihnen vorbei gehen, und so deute ich auf ihren Eimer und sage nur: „No fish yet.“ Beide nicken und sehen mir erstaunt nach.

Ich laufe ziellos weiter, immer den verlassenen Strand entlang. Sonst ist das eine meiner Lieblingsfreizeitbeschäftigungen, aber hier legt sich mir der schwarze Sand aufs Gemüt. In meinen Augen muss ein Strand weiß sein oder zumindest golden, um schön zu sein. Aber nicht so dunkel, so bedrohlich schwarz, die Farbe, die an Vulkanausbrüche, Feuer und Lavaströme erinnert. Was mache ich nur hier? Mutterseelenallein an einem Ozean, der mir verbietet, mich in ihn hineinzuwerfen, der mir nicht die kleinste Muschel schenkt und dessen Strand an gewaltige Naturereignisse, die Furcht auslösen, erinnert. Großartig ist das hier!

Ich blase mein Kissen auf und setze mich damit auf den Boden. Die Sonne brennt so heiß herunter, dass ich meine

Sandalen wieder anziehen muss, weil man vor lauter Hitze nicht barfuß gehen kann. Ich spanne den Regenschirm auf, um wenigstens etwas Schatten zu haben und kauere mich darunter. Zwei Stunden soll ich so ausharren?! Wer weiß überhaupt, ob die Busfahrer mich verstanden haben und ob sie dann auch wirklich kommen. Vielleicht ist das gar nicht Samas, wo sie mich rausgelassen haben.

Aus großer Entfernung sehe ich auf einmal eine Figur, die sich bewegt. Langsam kommt sie näher, und ich erkenne eine Frau mit einem breitkrempigen Hut. Sie trägt einen Korb. Wenigstens noch ein menschliches Wesen! Sie hat mich erblickt und steuert zielstrebig auf mich zu. Als sie näher kommt, sehe ich, dass sie Früchte in ihrem Korb hat. Sie ist etwa so alt wie ich und hat schon einige Zahnlücken. Schon von weitem fängt sie an, auf mich einzureden. Ich will ihr erklären, dass ich sie nicht verstehen kann, aber sie redet einfach weiter. Dann nimmt sie einige Früchte aus dem Korb und hält sie mir vor die Nase. Ich denke an meinen einzigen Geldschein und schüttle den Kopf. Aber sie gibt nicht auf und redet unaufhörlich weiter. Ich antworte in meiner Sprache. Sie macht keine Anstalten weiter zu gehen, und endlich gebe ich auf.

Ich hole den Geldschein heraus und mache ihr deutlich, dass ich etwas zurück haben will. Sie versteht und gibt mir hundert Rupien zurück. Dann händigt sie mir drei Mangos, eine unbekannte Frucht und ein Päckchen Erdnüsse aus, ein gutes Geschäft für sie. Sie fragt, ob ich eine Mango essen will, setzt sich neben mich, schält mit einem alten Messer die Frucht und reicht mir die Scheiben. Auf dem gelben Fruchtfleisch sind die Abdrücke ihrer schmutzigen Finger, aber ich übersehe es und esse die saftige Frucht, während sie weiter erzählt und ich ab und zu nicke.

Während dieses merkwürdigen „Gesprächs“ habe ich kaum bemerkt, dass einer der Fischer sich zu uns gesellt hat. Er unterhält sich mit der Frau und fragt mich dann in Englisch, ob ich allein bin. Er setzt sich zu meinen Füßen in den Sand. Nach einer Weile nimmt die Obstfrau ihren Korb, steht auf und geht weiter in Richtung der Hütten. Plötzlich dreht der Mann sich mir zu und sagt: „I go to Samas, you go too." Will er mir den Weg zur Bushaltestelle zeigen, nachdem ich gesagt habe, dass ich zum Minibus nach Samas will? Er steht auf und geht den Strand entlang, aber in die entgegengesetzte Richtung und nicht dorthin, wo ich hergekommen bin. Vielleicht war das gar nicht Samas, und er will mir den richtigen Weg zeigen. Aber in dieser Richtung? Ich greife meine Siebensachen und laufe in einem gewissen Abstand hinter ihm her.

Nach einer Weile überlege ich. Ich folge einem wildfremden Fischer, der in die falsche Richtung geht. Nein. Das ist mir nicht ganz geheuer. Ich drehe um und laufe quer durch den Sand in Richtung der Dünen und Hütten im Hintergrund. Plötzlich höre ich ein Keuchen hinter mir und den Ruf: „Madam!" Ich drehe mich um und sehe, dass er hinter mir her rennt. „This way!", hier entlang, sagt er und zeigt in die andere Richtung. „Was ist da?", frage ich. „Home", sagt er „you come home". Ich sehe ihn entgeistert an. Was soll ich bei ihm zu Hause? Er zeigt auf sich und dann auf mich: „Me and you ... happy-happy time!" Aha! So läuft der Hase! In seinem Hirn läuft wohl ein anderer Film ab. Eine Frau allein am Strand, und wenn sie auch sechzig Jahre alt ist, kann ja nur das eine wollen: Einen echten Mann! Und wenn es ein um einige Jahre jüngerer indonesischer Fischer ist! Ich weiß nicht, ob ich lachen oder wütend werden soll.

Blitzschnell reagiere ich. „Nein!", sage ich mit Bestimmtheit. „Ich gehe zum Minibus. Und Sie gehen heim!" Er schüttelt missmutig den Kopf. Nun aber nichts wie weg! Ich drehe mich um und laufe so schnell ich kann durch den Sand, den Dünen entgegen, ohne mich umzudrehen. In solchen Situationen bekommt man wohl Extrakräfte. Ich kann kaum noch atmen, und meine Beine sind wie Blei in dem tiefen Sand. Endlich oben angekommen, wage ich einen Blick zurück. Niemand folgt mir. Mein Herz schlägt rasend, der Schweiß läuft mir in die Augen, und ich habe Mühe, Luft zu bekommen. Aber die Gefahr ist vorbei. Ich muss an das Schild „DANGER“ denken und kann nur den Kopf schütteln.

Allmählich beruhige ich mich, und diesmal kommen mir die Hütten mit den Frauen, auf die ich zusteuere, nicht mehr armselig vor, sondern scheinen schutzgebende Arme auszubreiten. Wie schnell sich die Sichtweise ändern kann! Ich nicke den Frauen und Kindern lächelnd zu, als ich wieder durch ihr kleines Dorf wandere. Dann geht es querfeldein durch die Gegend, den gleichen Weg zurück, auf dem der Bus mich hergebracht hat. Endlich sehe ich die Straße und ein Stück weiter unten schimmert ein weißer Minibus durch die Bäume. Gott sei Dank! Meine Flucht aus dem schönen „Beach Resort“ ist geglückt!

Im Bus habe ich Muße, über mein Erlebnis nachzudenken. Genügend Zeit habe ich ja. Nachdem wir endlich losgefahren sind, hält er bald wieder und wartet an einer Haltestelle, an der niemand steht, auf Fahrgäste. Dann geht es zum nächsten Halt – wieder fünf Minuten Wartezeit. Als wir endlich die Endstation erreichen, ist der Bus voller Menschen. Und ich bin nach diesem Ausflug um eine Erfahrung reicher.

Selbstsicher und abenteuerlustig war ich morgens losgefahren, durch meine positiven Erfahrungen gestärkt. Und nun hatte ich mal wieder die Grenzen erfahren, die einer allein reisenden Frau gesetzt sind. Ich hatte die Gefahr unterschätzt, und nun war ich aus meiner Selbstüberschätzung rau herausgerissen worden. Sicher, jetzt konnte ich lachen über die „happy-happy time“, aber dort am Strand war es mir doch ziemlich mulmig geworden.

Als ich am Ende der Woche wieder in Jakarta bin, ziehe ich ein Resümee von meinen Besuch auf Java. Unterwegs auf dem Land ist mir aufgefallen, dass das Leben dieser Menschen sich im Miteinander abspielt. Je mehr Menschen um einen herum, desto besser. Und auf der Straße findet das wahre Leben statt. Zwischen den Menschen empfindet man Leutseligkeit, sieht immer wieder jemanden lachen. Ganz selten hört man Kinder weinen. Sobald ein Baby auch nur einen Pieps von sich gibt, wird es gestillt oder ein älteres Geschwisterchen kümmert sich darum. Einmal fiel mir ein kleines Mädchen auf, keine sechs Jahre alt, das eine etwa zwanzig Monate alte schwere Schwester trug. Statt mit Puppen spielen die kleinen Mädchen mit echten Kindern. Mir verschlug es fast den Atem, als ich aus dem Bus blickte und sah, wie vielleicht drei Jahre alte kleine Kinder händehaltend auf der Straße ohne Bürgersteige entlang liefen, nur einige Schritte von LKWs und Autos entfernt, die an ihnen vorbeibrausten.

Noch immer habe ich die Bilder lebendig vor mir. Die großen Straßen sind die Lebensadern, die das Land durchziehen. Wie Perlen auf einer Kette sitzen die Häuser aufgereiht nebeneinander, Meile um Meile. Es gibt kaum Nebenstraßen. Die Kinder wachsen direkt an der Straße auf, können offenbar die Geräusche der Autos unterscheiden und machen Platz, ohne sich umzudrehen. Kinder am Straßenrand können blitzschnell einen Fremden in einem vorüberfahrenden Bus entdecken und ihm zuwinken. All die vielen Schulkinder, die auf den Straßen nach Hause trotten, würden bei uns nie unversehrt ankommen. Doch hier laufen sogar die Kindergartenkinder allein durch die Gegend. Selbst auf Jakartas mörderischen Straßen sind Kinder auf sich selbst angewiesen.

Trotz des oft chaotischen Verkehrs, in dem von Fahrzeug zu Fahrzeug oft nur ein Abstand von Zentimetern gelassen wird, habe ich keinen Verkehrsunfall gesehen. Zuerst hat mich das Gewirr auf den Straßen so geängstigt, dass ich mich manchmal nicht traute, die Straße zu überqueren. Aber jetzt habe ich den Rhythmus der Straße gefunden, den diese Menschen ihr ganzes Leben lang gelernt haben. Aber ob ich hier wohl selber Auto fahren könnte? Ich bewundere Emilys resolute Art zu fahren, die mich anfangs erstaunt hat, weil sie sonst so sanft ist. Man muss wohl mit den anderen mithalten, um nicht zum Verkehrshindernis zu werden. Einmal wies sie sogar einen Taxifahrer an, gegen eine Einbahnstraße zu fahren, um schneller an ihr Ziel zu kommen. Verkehrsregeln bedeuten hier ganz offensichtlich nicht so viel wie bei uns in Europa. Laisser-faire macht das Leben leichter, warum also sich aufregen?

Die Rufe des Muezzin gliedern hier den Tag in feste Abschnitte. Mit seinem durchdringenden Ton und mithilfe der Technik kräftig verstärkt, weckt er frühmorgens auch den tiefsten Schläfer auf, und zwar gegen halb vier. Sobald die Sonne aufgeht, regt sich auf den Straßen das Leben. Um sechs Uhr früh ist dann offenbar die ganze Stadt auf den Beinen. Der Verkehr pulsiert von da an ohne Pause bis spät in die Nacht hinein. Im Dunkeln leuchten am Rand der Straßen dann die unzähligen Handkarren der Straßenverkäufer, von vielen kleinen und großen Laternen erhellt. Kein Wunder, dass es so viele gibt: Man braucht keine behördliche Erlaubnis und muss auch keine Steuern zahlen, um einen Pedcak zu fahren oder so einen Wagen führen zu dürfen, auf dem meistens 1001 Dinge feilgeboten werden. Selbst zu später Nachtstunde werden sie von den mobilen Geschäftsinhabern durch die Wohngebiete geschoben und mit begleitenden Rufen oder Schlägen auf Metall oder Holz angekündigt – so wie bei uns früher der Wagen des Alteisenhändlers. Ich bin froh über die Erfindung von Ohropax – „ohne" hätte ich wohl keine Nacht schlafen können.

Die Extratage sind wie im Flug vergangen. Nun heißt es aber wirklich Abschied nehmen von Jakarta. Wieder fahren meine Freunde mich zum Flugplatz. Wir drei sind uns noch mehr ans Herz gewachsen, und die Trennung fällt schwer. Emily und Charly waren herzliche Gastgeber, und ihre Freundschaft ist für mich mehr als ein schönes „Souvenir". Wie gut, dass wir durch die gemeinsame Beziehung zu dem Gastgeber aller Gastgeber verbunden sind, auch wenn bald wieder viele Kilometer zwischen uns liegen!

Australien, ich komme! Als ich in Sydney aussteige, begegne ich einer wunderschön gelegenen Stadt mit einer ganz eigenen Kultur. Die kurze Geschichte des modernen Australien und die lange Geschichte seiner Ureinwohner, der Aboriginees, zeigen viele Gemeinsamkeiten mit der Geschichte Nord-Amerikas und der Erschließung des Kontinents durch seine weißen Eroberer. Wieviel Ungerechtigkeit ist in der Vergangenheit geschehen, und die Folgen zeigen sich immer noch in verschiedenen Spannungen. Was daneben auffällt: Obwohl man hier in „Down Under" um die Herkunft der ersten australischen Siedler als abgeschobene britische Strafgefangene weiß, hat man einen gewissen Stolz für die Taten dieser Männer entwickelt, die den Kontinent den weißen Zuwanderern aufschlossen.

Auch hier besichtige ich alle Sehenswürdigkeiten und besuche Freunde aus Deutschland. Die Zeit vergeht schnell, denn mir bleibt nur eine Woche bis zum Weiterflug.

An einem Sonntagmorgen reise ich mit einem Doppeldecker-Zug nach Katoomba, das ist eine etwa zweieinhalbstündige Fahrt. Dort steige ich in einen Bus, und der Fahrer erklärt die hundertfünfzigjährige Geschichte der Region, bis wir an unserem Ziel ankommen: den Jenolan Caves, etwa neun verschiedenen Höhlen. Ich wähle die größte, die Lucas-Höhle, in die neunhundert Stufen hineinführen und die man in etwa eineinhalb Stunden erkunden kann. Während ich auf die Führung warte, kommt ein gut aussehender Endvierziger auf mich zu und spricht mich in Deutsch an. Als ich ihn frage, woher er weiß, dass ich Deutsch spreche, antwortet er: „Das habe ich nicht gewusst, aber ich habe gedacht, Sie sehen so aus, als ob Sie Deutsch könnten." Seltsam.

Wir unterhalten uns, und ich erfahre, dass er aus Ostdeutschland kommt, aus Jena. Wie jeder, der eine Weile in Berlin gelebt hat, weiß ich genug von den restriktiven Reisevorschriften der DDR, um mich in diesem Moment zu wundern. Wie kommt es, dass er als DDRler in Australien herumreisen kann? Ist er ein Spion? Oder ein besonders linientreuer Kommunist? Diese Fragen stelle ich ihm natürlich nicht, aber er hat wohl mein Erstaunen registriert, und er erklärt, dass er Papageien fotografiert, entsprechende Bücher veröffentlicht und so auch schon in Malaysia war. Als ich auf die zutraulichen rotblauen Rosella-Papageien deute, die die Touristen um Futter anbetteln, erklärt er mir mehr über diese Vögel und nennt mir auch ihren lateinischen Namen. Und er erzählt ein wenig. Zu Hause hat er etwa fünfzig Volieren. *Da muss er aber ein Riesengrundstück haben,* denke ich, während er über die Vögel, die er selbst aufzieht und verkauft, berichtet. Dann reicht er mir ein Insektenmittel, das die kleinen aufdringlichen Fliegen abhalten soll, sich an Augen und Mund zu heften. Irgendwann erwähnt er, dass Vögel sein liebstes Hobby sind. Erstaunt frage ich: „Das ist gar nicht Ihr Beruf?“ Er lacht. „Nein, ich bin Chefarzt in einer Klinik in Jena.“ Jetzt bin ich erst recht sprachlos.

Unsere Gruppe von etwa vierzig Leuten wird weiter in die Höhle hineingeführt. Wir laufen durch die langen Gänge und staunen über die Vielfalt der bizarren Gebilde, die – Tropfen für Tropfen – über Jahrtausende entstanden sind. Als wir in einen hohen Raum kommen, der Kathedrale genannt wird, reden die Besucher nur leise miteinander, als wären sie in einer Kirche. Nach diesem langen Gang durch die „Unterwelt“ scheint das Sonnenlicht besonders hell, und ich genieße die wohlige Wärme, über die ich vorher geseufzt habe.

Im Bus sitzen der Papageien-Kenner und ich nebeneinander und unterhalten uns zwei Stunden lang. Wir haben Vertrauen zueinander gefasst, und er erzählt, dass er verheiratet ist und zwei Kinder hat, vierzehn und zwölf Jahre alt. Er ist traditioneller Protestant, kein Mitglied der Partei. Nur weil seine Bücher, die im Westen verkauft werden, Devisen für die DDR bringen, darf er hin und wieder das Land verlassen. Eine viertel Million Mark soll das neue Projekt der Staatskasse einbringen. Irgendwann stelle ich ihm die Frage, die mir auf den Nägeln brennt: „Wenn Sie reisen und da die Freiheit erleben, die für viele so selbstverständlich ist, kommen Sie da nicht auf den Gedanken, gar nicht mehr zurückzukehren?"

„Ja, auf diesen Gedanken komme ich schon," sagt er, um dann resigniert hinzuzufügen. „Aber ich habe meine Familie dort, und die kann ich nicht im Stich lassen."

Dann erzählt er mir von allerlei Schikanen, denen er trotz des Interesses an seinen Veröffentlichungen ausgesetzt ist. Weil er kein Mitläufer ist und seine Überzeugungen als Christ nicht versteckt, gilt er als suspekt. Er hat den Abschluss als Professor, darf aber an keiner Universität lehren. Ein ganzes Jahr hat er auf seine Reisepapiere warten müssen. Trotzdem traf er alle Vorkehrungen für die Reise, aber die Papiere kamen und kamen nicht. Und er musste absagen. Dann, drei Wochen später, kam alles Nötige von den Behörden – und innerhalb eines Tages musste er alle Vorbereitungen neu treffen, und dank guter Verbindungen wurde die Reise tatsächlich wahr: Schweizer Freunde finanzieren ihn, und wohnen kann er hier bei österreichischen Freunden. Ausreisen konnte er – aber ohne einen Pfennig Westgeld in der Tasche. Fremde Leute musste er um die Münzen für ein Telefongespräch bitten, damit er im Westen seine Freunde benachrichtigen konnte. Seine größte Sorge ist, dass seine Kinder durch seine Situation Schwierigkeiten bekommen können, dass sie zum Beispiel einmal nicht studieren dürfen.

Wir haben inzwischen so offen gesprochen, dass ich es wage, ihm zu sagen, was mir gerade durch den Kopf geht: „Glauben Sie nicht, dass Jesu Worte wahr sind, wenn er sagt, dass Menschen uns um seinetwillen verfolgen werden, aber dass unser Lohn im Himmel groß sein wird?"

„Ja, für mich selbst glaube ich das auch", erwidert er, „aber inwieweit darf ich in Kauf nehmen, dass meine Kinder um meines Glaubens willen benachteiligt werden?"

„Gott wird für Ihre Kinder sorgen, auch wenn sie jetzt zu kurz kommen sollten." Ich bin aufgrund dessen, was ich in meiner Bibel lese, überzeugt, dass das stimmt, aber ich fühle auch den Zwiespalt, in dem dieser Mann steckt.

Viel zu schnell kommen wir in Katoomba an, und wir müssen uns trennen. Ich gebe ihm meine Adresse und lade ihn ein, für den Fall, dass er je nach Westdeutschland kommen sollte. Als er geht, kommt es mir vor, als sähe ich eine Gefängnistür hinter ihm zuschlagen. Und ich darf einfach so in Freiheit leben – ganz unverdient.

Mein nächster Halt hat einen Namen, der nach Musik klingt: Noumea in Neukaledonien. Als ich ihn zum ersten Mal las, musste ich im Atlas nachsehen, wo denn dieser Ort liegt. Kein Wunder: Ganz selten nur hört man etwas von dieser Insel in Melanesien zwischen Australien und Neuseeland. Noumea gilt für die Fluggesellschaft nur als Zwischenstopp. Ich werde mich dort einige Tage aufhalten, bis ich weiter nach Auckland in Neuseeland fliegen kann, wo ich eine Busrundreise gebucht habe. In Noumea selbst habe ich eigentlich nichts vor. Na, dann will ich mich mal überraschen lassen! Die erste – eher unschöne – Überraschung erlebe ich, als ich mich nach Hotels erkundige. Die Insel Neukaledonien steht unter französischer Verwaltung, und die Preise sind hoch. Im dritten Anlauf stoße ich auf ein Hotel, das einfache kleine Häuschen vermietet, die nicht so teuer sind wie die normalen Hotelzimmer. Ich fahre mit dem Bus hin, und die Fahrt alleine kostet schon elf Dollar. Hier werde ich mir nicht viel erlauben können. Das würde mein Budget sprengen.

Als ich ankomme, regnet es, und ich muss über Pfützen springen, um zu den alten Holz-„Bungalows“ hinter dem Hotel zu kommen. Auch drinnen sind sie so spartanisch wie draußen: Fliesenboden, kein Radio oder gar ein Sessel. Nur

Bett und Nachttisch, Schreibtisch und Stuhl. Aber – ich habe ein Domizil für die Tage hier!

Ich ziehe einen Regenmantel an und gehe hinüber zum Strand. Der Wind ist so stark, dass ich mich zeitweilig fast in ihn hineinlegen kann, ohne umzufallen, und der Regen peitscht mir ins Gesicht. Als ich wieder zurückkomme, sind selbst meine hochgerollten Hosenbeine nass. Ich ziehe mich um, und wegen des Sturms entscheide ich mich, zum Essen nicht wieder hinauszugehen. Ich finde noch ein paar Nüsse und trinke eine Limo, die ich aus meiner Tasche ausgrabe. Dann lege ich mich ins Bett und lese ein wenig. Später stopfe ich mir die bewährten Ohropax in die Ohren und schlafe schließlich ein.

Mitten in der Nacht schrecke ich hoch. Ein extrem lauter Knall hat mich geweckt. *Aha, Blitz und Donner*, denke ich, *und der Blitz muss wohl ganz in der Nähe eingeschlagen haben, denn der Donner war fast im selben Moment zu hören.* Irgendwie klingt das hier anders als zu Hause, aber nachdem es für einen Moment ruhig ist, versuche ich, wieder einzuschlafen. Dann weckt mich ein zweiter Knall, und im Bungalow nebenan weint ein Kind.

Am nächsten Morgen höre ich immer noch den Regen auf das Dach prasseln und den Sturm weiter heulen. Und dann kommt die große Überraschung. Ich schaue aus dem Fenster – und sehe ringsherum nur noch Wasser! Mein Bungalow steht mitten in einem See! Ich renne fast zum Fenster auf der anderen Seite. Was ist das? Zwei komplette Dächer aus Wellblech samt Dachstuhl liegen da, von hinteren Häusern abgerissen, durch die Luft gewirbelt und genau vor meinem kleinen Häuschen herunter gekommen, ohne es auch nur im Geringsten zu berühren. Da haben die Engel Gottes mal wieder auf mich aufgepasst! Das war also der komische Donner, der mich geweckt hat. Eine elektrische Leitung, die vom Nachbars-Bungalow abgerissen wurde, hängt nun in der Luft und schwingt gerade mal ein paar Zentimeter über dem Wasser hin und her. Überall liegen verstreute Kokosnüsse, grüne Früchte und abgerissene Zweige als Überbleibsel der chaotischen Sturmnacht.

Ich ziehe mich rasch an, und nach einer Weile kommt der französische Hotel- und Hausbesitzer, um die Verwüstung zu inspizieren. Er läuft barfuß durch das Wasser. „Ja, ja, die Zyklone", sagt er so selbstverständlich, als rede er über die Wettervorhersage. Wie viele dieser Stürme wird er wohl schon erlebt haben? Weil es in den Bungalows keinen Strom mehr gibt, bietet er uns an, zum selben Preis ins Hotel zu ziehen. Wunderbar. Einfach wunderbar! Innerlich schicke ich ein Dankeschön an Gott. Ich bekomme ein schönes Zimmer mit Balkon und mit Blick auf den Swimmingpool, in dem nach der Sturmnacht noch alles Mögliche herumschwimmt.

Nach dem Frühstück gehe ich zum Strand und laufe zwei Stunden am Wasser entlang. Immer wieder finde ich hübsche Muscheln, und so gehe ich immer weiter. Der Wind weht noch stark, und ich beobachte melanesische Fischer, die vom Strand aus Netze auswerfen und sie dann mit handgroßen Fischen gefüllt wieder an Land ziehen. Die Menschen hier sind wohlgenährt, dunkelhäutig, haben krauses schwarzes Haar, das bei vielen ins Rötliche übergeht. Die Hälfte der knapp hundertfünfzigtausend Einwohner lebt in Noumea, einer teuren Provinzstadt.

Die meiste Zeit auf der Insel verbringe ich am Strand. Nach und nach hat sich das Wetter beruhigt, und die Sonne ist hinter den Wolken hervorgekommen. Beim Rauschen der Wellen komme ich zur Ruhe und in der Ruhe zu Gott. Hier kann ich ungestört singen, laut oder leise beten, Gott Dank sagen für seine herrliche Schöpfung und für alles, was er mir auf dieser Reise schenkt: die Natur in all ihrer Vielfalt, die Sonnenuntergänge und den Sternenhimmel und vor allem die Begegnungen mit so vielen unterschiedlichen Menschen.

An einem Nachmittag besuche ich das örtliche Aquarium und bin fasziniert von einer riesigen Schildkröte und der

Vielfalt der Fische, die in ihren individuellen Formen und Farben auf einen liebevollen Künstler hindeuten, der sich für jedes Geschöpf eine andere schöne Gestalt ausdenkt. Selbst in den dunkelsten Tiefen des Meeres, in die kein Sonnenstrahl mehr eindringen kann, gibt es fluoreszierende Korallen, deren goldenes, grünes und orangefarbenes Licht die Dunkelheit erhellt. Welch ein Reichtum der Schöpfung ist das, selbst dort, wo er normalerweise für uns Menschen unsichtbar ist. Wie groß ist dieser Gott, mein Herr und mein Gott!

Auf Neuseeland habe ich mich besonders gefreut, vor allem, nachdem ich mich mit Fotobüchern und anderem Material auf die Rundfahrt vorbereitet habe. Eine achtzehntägige Rundfahrt durch die Nord- und Südinsel habe ich gebucht, und zwar aus Kostengründen ein halbes Doppelzimmer. Nun bin ich nach vielen bereichernden und Horizont erweiternden Begegnungen neugierig, mit wem ich es teilen werde. In Auckland angekommen, treffe ich auf die Reisegruppe. Die erste freudige Überraschung: Ich habe ein Zimmer ganz für mich alleine, sogar mit Blick auf den Hafen. Da für den Ankunftstag noch nichts auf dem Programm steht, mache ich eine Bootstour zu einer kleinen Insel mit, die etwa eine Stunde entfernt liegt. Auf dem Hinweg komme ich mit einem deutschen Medizinstudenten ins Gespräch, auch über die Bibel und die innere Geborgenheit in einem Leben mit Gott. Er stellt viele Fragen, und wir bedauern es, uns nach der Fahrt verabschieden zu müssen.

Am nächsten Morgen geht es los mit der geplanten Tour durch Neuseeland. Wir sind vierundzwanzig Leute im Bus. Unser Reiseführer, der „Coach Captain“, ist ein junger Mann namens Brent. Er weist uns auf vieles hin, erläutert, erzählt uns Allgemeines über das Land und über die Sehenswürdigkeiten.

Und davon sehen wir einige, zum Beispiel den alten Kauri-Baum, einen echten Riesen unter den Bäumen. Leider sind die meisten Kauris schon abgeholzt worden. Abends übernachten wir bei der Bay of Islands, und zu meiner Freude bekomme ich wieder ein Einzelzimmer. Da hat mir Gott wohl eine Portion Extra-Luxus zugedacht! Am nächsten Tag regnet und stürmt es. Trotzdem genießen wir die Fahrt am Meer entlang: Wir reisen mit einem neuen Bus, der seine allererste Tour macht, und wir haben einen sehr netten und unterhaltsamen Fahrer. Über eine Stunde lang fahren wir am Rand der Wellen einen menschenleeren Strand entlang, bis wir den äußersten Zipfel der Nordinsel erreichen.

Ich bin überwältigt von der offenbar unberührten Natur der Insel. Nur sieben Millionen Einwohner, aber dafür siebzig Millionen Schafe leben hier! Wir fahren durch Gegenden, die einem das Gefühl vermitteln, die ersten Tage der Schöpfung zu erleben: Kein Mensch weit und breit, dafür wunderschöne Wasserfälle, Seen umgeben von Wäldern, und nirgendwo ein Haus zu sehen. Urwälder mit riesigen Farnen, dann wieder zerklüftete Strände, an denen die ans Ufer schlagenden Wellen durch Löcher im Gestein zu regelrechten Wasserfontänen werden. Auch Vulkane gibt es, wo die Erde brodelt und kocht und Dampfschwaden wie Säulen über dem heißen Schlamm stehen.

Auf der Südinsel, auf der die höchsten Berge mit dem Mount Cook stehen, beeindruckt mich am meisten ein grün-blauer Gletschersee durch seine besondere Farbe. Dann stehen wir vor einer Bergwiese, dicht übersät von violett-blauen Lupinen, dahinter die schneebedeckten Berge und darüber ein strahlend blauer Himmel – ein herrliches Bild! Als wir in die Gletscherregion kommen, genehmige ich mir ein einmaliges Erlebnis: einen einstündigen Flug mit einem kleinen Propeller-Flugzeug, das uns hoch zwischen die schneebedeckten Berge fliegt, über sechs verschiedene Gletscher und über die höchsten Gipfel hinweg. Von lichter Höhe aus diese Landschaft zu sehen, die wohl noch kein menschlicher Fuß betreten hat, den Eindruck zu haben, man könnte die Schneewände gleich mit den Händen berühren, bewegt mich. So nahe an den herrlichen Bergen zu sein, ohne die Strapazen einer langen Klettertour, die ich ja nie schaffen würde, und doch dieses Gefühl der Erhebung zu haben, diesen mit nichts zu vergleichenden Blick in die Weite zu genießen – das ist etwas, was man ein Leben lang nicht vergisst.

Immer wieder habe ich ein gutes Zimmer, sogar wiederholt für mich alleine, was mir gut tut. Nur zwei Nächte muss ich den Raum mit einer anderen Frau teilen. Sie ist eine gut fünfzig Jahre alte Schwedin mit schwarz lackierten Fußnägeln, die wie ein Hippie reist, mit einem Rucksack auf Rädern, vielen Plastiktüten und ständig zerknautschter Kleidung – wenn sie denn überhaupt welche trägt. Als ich vom Schwimmen zurückkomme, öffnet sie die Badezimmertür und läuft nackt ins gemeinsame Zimmer. Aber hier zieht sie sich nicht etwa an, sondern bleibt die ganze Zeit über nackt, als sei sie am FKK-Strand oder allein. Nur als es Zeit ist, Essen zu gehen, wirft sie sich ein Kleid über. Später geht sie nackt auf den Balkon, obwohl Leute um den Pool herum sitzen. Die kompletten zwei Tage im Hotel trägt sie außer zum Essen keine Kleidung – ich muss mich also wohl oder übel daran gewöhnen, mit einer Nackten zusammen zu leben. Man lernt schon allerhand verschiedene Menschen kennen auf solch einer Reise, das muss ich sagen. Manches Zusammentreffen wäre ein gefundenes Fressen für einen Drehbuchautor mit Sinn für komische Szenen!

Noch ein anderer Mitreisender fällt mir auf, als wir uns untereinander ein wenig kennen lernen. Er hält sich im Hintergrund und wirkt eher unscheinbar. Doch langsam nehmen die fremden Gesichter und Persönlichkeiten Gestalt an und werden vertrauter. Obwohl jeder der Alleinreisenden zunächst wie ein abgeschottetes Individuum war, wird man nach und nach miteinander bekannt und sitzt auch im Bus in unterschiedlichen Konstellationen zusammen. Beim Essen findet man meistens die Ehepaare beieinander und an einem anderen Tisch die Singles, Witwen und die offensichtlich Heiratslustigen, unter denen zwei junge Männer etwas verlassen wirken. Ihr höfliches Lächeln verbirgt wohl ihre Langeweile, sich mit Frauen unterhalten zu müssen, die alt genug sind, ihre Mutter zu sein. Nur wenn die junge, hübsche Kellnerin ihre Bestellungen aufnimmt, werden ihre Züge lebhaft und Lachen erhellt ihre Gesichter.

Diesmal sitze ich neben dem großen, blonden jungen Mann mit dem slawischen Akzent. Ich erfahre, dass er Pavel heißt, auf den Philippinen lebt und sich schon lange auf diese Fahrt durch Neuseeland gefreut hat. Ich bin erstaunt, als er erzählt, dass seine Heimat Prag in der Tschechoslowakei ist. Wie war das – Kommunisten und Spione dürfen reisen, alle anderen nicht? Ohne es zu wollen, läuft eine Art „Was-wäre-wenn"-Alarmprogramm in meinen Gedanken ab. Woran erkennt man einen Spion? Dieser junge Mann mit seinen blauen Augen unter dem blonden Haar, etwa zweiunddreißig Jahre alt, sieht freundlich aus. Aber ist da nicht ein gewisser Zug von Härte um seinen Mund, den er unter einem blonden Schnurrbart versteckt? Im richtigen Leben sehen Agenten sicher nicht aus wie die holzschnittartig gezeichneten Charaktere im Film. „Wir hätten nie vermutet, dass unser freundlicher Nachbar ein Spion ist. Er war immer etwas zurückhaltend, aber stets höflich. Ja, wer hätte gedacht, dass er ein Spion war?"

Eines ist jedenfalls sicher: Wenn er kein Spion ist, dann ist er ein regierungstreuer Kommunist. Eine Begegnung mit einer älteren Tschechin im letzten Sommer kommt mir in den Sinn. Wir saßen uns in einem Zugabteil gegenüber, und während unserer Unterhaltung kamen all ihr Frust und ihre Enttäuschung über das Regime ans Licht. Sie klagte über die Unterdrückung der Menschen und die Ungerechtigkeiten des Systems. Als sie etwas besonders Schlimmes erzählte, neigte sie sich nach vorne, hielt die Hand vor den Mund und flüsterte nur noch. Ich war ganz betroffen. „Sie brauchen doch hier keine Angst zu haben, offen zu reden“, versicherte ich ihr. „Sie sind doch im freien Westen.“ Aber dieses auf der Hut sein war zu einer Gewohnheit und dann zu einer Art Reflex geworden.

Irgendwie ist dieser Moment nicht der richtige Zeitpunkt für ein Gespräch, habe ich den Eindruck. Und so wende mich wieder den Single-Frauen am Tisch zu. In den folgenden Tagen beobachte ich Pavel. Wenn der Bus hält und die meisten der dreißig Fahrgäste in die Restaurants oder Souvenirläden stürmen, ist Pavel verschwunden. Zur Abfahrtszeit erscheint er als Letzter, abgehetzt und mit rotem Gesicht. Bei jedem Fotostopp setzt er sich von der Gruppe ab, steht manchmal allein da, schaut in die Gegend oder guckt durch seine kleine Kamera. Es scheint, dass er den gewöhnlichen Kontakt mit anderen scheut.

Als der Tourbus einmal für ein Picknick im Freien hält, sitzt er allein mit offenem Hemd auf einer kleinen Anhöhe im Gras und kaut sein Sandwich, während sich die anderen in kleinen Gruppen zusammensetzen. Zweimal komme ich abends in den Speisesaal, und die Hostess setzt mich neben Pavel an einen Vierertisch. Wir müssen miteinander reden. Worüber redet man so? „Ich bewundere Sie, dass Sie schon so braun gebrannt sind.“

„Ach, das kommt daher, dass ich mich mittags gerne in die Sonne lege. Ich mag nicht in diese vollen Räume gehen, wenn draußen so viel Schönheit auf mich wartet.“

„Essen Sie denn gar nicht?“

„Alles, was ich brauche, ist ein Joghurt und etwas Obst, nach dem reichhaltigen Frühstück hier.“

Dann sitzen wir im Bus hintereinander. Beide schauen wir aufmerksam hinaus, um ja nichts Schönes zu versäumen. „Haben Sie das gesehen?“, frage ich und drehe mich um.

„Ja!“, lächelt er zurück. Während die meisten Passagiere ihr Nachmittagsschläfchen halten, genießen wir die sich immer wieder verändernde Landschaft. Wasserfälle, Bäume, Tiere fliegen an uns vorbei. Bei jedem Aussichtsstopp läuft Pavel weit davon und kommt stets als Letzter wieder in den Bus, als ob er die Enge des Busses verabscheut. Die Mitreisenden sprechen ihn ab und an mit seinem Namen an, aber er bleibt freundlich distanziert.

Beim Abendessen sitzen wir wieder zusammen. „Wollen Sie vielleicht mitkommen und die Stadt etwas kennen lernen?“, fragt er mich. Was gibt es anderes zu tun? Als wir herauskommen, scheint die Sonne noch hell, obwohl es schon nach acht Uhr ist. Wir laufen durch die Nachbarschaft des Hotels, bis wir zu einer Straße mit hübschen Häusern und gepflegten Gärten kommen. Er wird lebhaft, als er Blumen und Sträucher sieht, die er kennt. „Meine Großmutter hatte diese in ihrem Garten“, erklärt er voller Freude. Der Duft von Rosen zieht ihn an. Mit seiner Nase tief in den Blüten fordert er mich auf: „Riechen Sie mal!“ Jeder Garten begeistert ihn neu. Er zeigt von Pflanze zu Pflanze und verbindet mit ihnen irgendetwas Bekanntes aus seiner Heimat. Ich zeige ihm einige ihm unbekannte Pflanzen, die auch in meinem kalifornischen Garten blühen.

Dann erklärt er mir seinen Enthusiasmus für Pflanzen. Er hatte Biologie und Botanik studiert, musste aber auf Chemie umsatteln, weil es schon so viele Botaniker gab, dabei wäre er genau das so gerne geworden. Weiter erzählt er mir, dass er mit seiner Familie, besonders mit seinem Bruder, sehr eng verbunden sei. Er hat auch eine Freundin. „Wir haben ein Übereinkommen“, sagt er. „Wir warten aufeinander, auch wenn wir uns nicht oft sehen können.“ Zwei Jahre hätten sie noch, bevor er wieder zurückkäme, sagt er, aber er besucht sie einmal im Jahr.

Unser Weg führt zu einem klaren Bach, auf dem Enten schwimmen. Über eine geschwungene Brücke kommen wir auf die andere Seite. Plötzlich steht er still und ruft aus: „Eine Linde! Wie lange habe ich keine Linde mehr gesehen!" Der alte Baum ist übersät mit Blüten und strömt einen zarten Duft aus, der Kindheitserinnerungen wach ruft. „Wo ich aufwuchs, war die Straße mit Linden gesäumt", erzähle ich. „Meine Großmutter hat aus den Blüten Tee gemacht."

„Ja, wir haben auch Lindenblütentee getrunken." Er pflückt eine der herunterhängenden Blüten.

„Kennen Sie das Volkslied vom Lindenbaum?", frage ich. Er schüttelt den Kopf, und ich beginne zu singen: „Am Brunnen vor dem Tore, da steht ein Lindenbaum ..." Bisher haben wir immer Englisch geredet, aber er versteht auch Deutsch und hört bis zum Ende aufmerksam zu. „Ich habe in der Schule Deutsch gelernt", erklärt er, „und Russisch." Aha.

Die Sonne ist untergegangen, als wir wieder im Hotel ankommen. „Danke, dass ich mit Ihnen gehen konnte. Es hat mir Spaß gemacht."

„Ja, es war schön."

„Nun, dann Gute Nacht."

„Gute Nacht. Bis morgen."

Am nächsten Mittag verschwindet Pavel wieder, statt mit den anderen in ein Restaurant zu gehen. Ich kaufe mir Sandwich und Limo und laufe in eine andere Richtung. Mein Pfad endet in einer schönen, hafenartigen Bucht. Ein älteres Ehepaar sitzt auf großen Felsblöcken, während kleine Kinder – vermutlich ihre Enkel – am Wasser spielen. Plötzlich höre ich einen Pfiff. Ich blicke hoch zu den Klippen und sehe Pavels winkende Hand. „Er ist hier entlang geklettert", sagt der alte Mann und zeigt mir den für meinen Geschmack etwas schmalen Pfad hinauf. Nun denn! Vorsichtig finde ich meinen Weg über die großen Felsbrocken. Außer Atem komme ich auf dem kleinen Plateau an, auf dem Pavel sein Sonnenbad nimmt. Ich blicke von oben auf die sich brechenden Wellen und den kleinen geschützten Hafen. „Was für ein herrlicher Platz!", rufe ich aus. „Schöner als jeder Speisesaal", sagt er lachend.

Nach einer Weile blicke ich auf meine Uhr. Es ist höchste Zeit zurück zum Bus zu gehen. Pavel hebt sein Hemd auf und steigt vor mir herunter. Ich brauche länger, und er ist mir schon ein ganzes Stück voraus auf dem Weg zum Bus. „Verzeihung", er dreht sich um, „ich hab nicht darauf geachtet und bin zu schnell gelaufen."

„Das macht nichts. Gehen Sie nur vor, ich komme schon noch nach." Mit großen Schritten läuft er auf die Straße zu.

Als wir abends in einem Ort am Ozean ankommen, macht er einen Vorschlag. „Hier soll es einen guten Platz geben, um den Sonnenuntergang am Ozean zu sehen. Kommen Sie mit?"

„Ja, gerne", erwidere ich. Nach dem Essen begegnen wir uns im Aufzug. „Können Sie in fünf Minuten unten sein?" Ich nicke, und wir treffen uns und gehen in Richtung Meer. Es ist ein langer Weg, und wir reden unterwegs über allerlei Gedanken und Ideen. Endlich hört man das Schlagen der Wellen gegen Beton. Wir lassen uns nieder auf einem Kai, der von einem Sturm beschädigt worden sein muss. Ich stelle mich ans äußerste Ende. Der Boden unter meinen Füßen zittert von der Macht der sich brechenden Wellen. Pavel hat sich etwas dahinter auf eine Stufe gesetzt und betrachtet das Schauspiel der ungestümen Wellen und der sich langsam senkenden Sonne. Ich setze mich auf eine der Stufen.

Wortlos sehen wir zu, wie der Himmel und das Meer sich verfärben. „Ist das nicht ein herrlicher Anblick?", sage ich. Er nickt nur stumm. „Pavel", beginne ich, „ich habe Sie beobachtet. Sie haben so einen ausgeprägten Sinn für die Schönheit der Natur. Haben Sie sich schon einmal Gedanken darüber gemacht, wer all diese Schönheit geschaffen hat?" Er sieht mich an und sagt lange nichts. Dann erwidert er in einer kleinen Stimme, fast zaghaft fragend: „Sie meinen – Gott?"

„Was stellen Sie sich denn unter Gott vor?", frage ich zurück. Langsam, fast so, als spräche er zu sich selbst, formen sich Worte und Gedanken, die er vielleicht so noch nie ausgesprochen hat. „Ich bin erzogen worden zu denken, dass es keinen Gott gibt", erklärt er, „aber ich kann das nicht glauben. Aber ich weiß nichts von ihm und kann mir auch kein Bild von ihm machen."

„Darf ich Ihnen etwas über Gott erzählen?" Er nickt, und ich beginne, von der Schöpfung der Welt zu reden.

Die nächsten Tage und Wochen sind ausgefüllt, auch mit neuen Gesprächen und Lektionen über Gott. Sobald wir zusammen kommen, ergeben sich von selbst immer neue Gelegenheiten und Themen. Wir fahren zum Fuß des Mount Cook. Vor dem Besucher-Zentrum steht ein Denkmal. Als wir näher kommen, höre ich die bekannte Melodie von „Du großer Gott, wenn ich die Welt betrachte ..." Eine Gruppe junger Christen steht zusammen bei dem Denkmal und singt aus vollem Herzen dem Schöpfer dieser herrlichen Natur Loblieder. Ich geselle mich zu ihnen und singe mit. Die jungen Leute unterhalten sich anschließend mit mir. Am Ende umarmen wir uns. Ich sehe, wie Pavel im Hintergrund alles beobachtet. Später erzähle ich ihm etwas über das Band, das Christen miteinander verbindet, über alle menschlichen Grenzen von Rasse, Sprache oder Klasse hinweg.

Als wir am Lake Tekapo halten, wird uns empfohlen, die Kirche des Guten Hirten zu besichtigen. Ich gehe alleine dort hin und bin überwältigt von der wunderschönen Lage direkt am See. Die Stirnseite der Kirche ist ein einziges großes Fenster mit Blick auf den blauen See, die schneebedeckten Berge und den weiten Himmel im Hintergrund. Nichts weiter an Schmuck hat diese Kirche, die mehr einer Kapelle gleicht, als die Herrlichkeit der Natur. Ich erzähle Pavel später von meinem Besuch, und er will sich die Kapelle ansehen. Als ich gegen Abend noch einmal hineingehe, sehe ich ihn aus der Ferne kommen. Es sind noch einige andere andächtige Menschen im Raum, und er setzt sich still neben mich.

Als die anderen gegangen sind, frage ich ihn: „Pavel, Sie haben jetzt schon viel gehört über Gott und seinen Sohn Jesus. Wir sind hier in der Kirche des Guten Hirten. Gott möchte auch Ihr Hirte sein. Wollen Sie nicht zu den Menschen gehören, für die er sorgt? Ich würde gerne für Sie beten. Darf ich das?“ Er nickt und sagt nichts. Ich bete voller Hoffnung, dass Gott ihm die Augen seines Herzens auftun möge, und dass er in Jesus auch seinen Guten Hirten erkennen kann. Die Worte strömen heraus, ohne das ich nachdenken muss. Ich schließe mit dem Gebet von Jan Amos Comenius: „Wir sind in diese Welt gekommen und wissen nicht, woher. Wir leben hier und wissen nicht, wie lange. Doch was nötig ist, gabst du uns: Die Begegnung mit Christus, der gekommen ist, dass wir das Leben und volle Genüge haben. Durch ihn leite uns, in unserer Zeit zu leben.“ Nachdem ich „Amen“ gesagt habe, bleibt Pavel noch lange mit geschlossenen Augen sitzen. Leise erhebe ich mich und laufe durch die stille Abenddämmerung dem Hotel zu.

In Christchurch endet unsere fast dreiwöchige Reise durch eine der letzten unberührten Gegenden dieser Welt. Ich bin erfüllt von den Eindrücken, die dieses wunderschöne Land hinterlassen hat. Eine Entscheidung steht an: Der nächste Flug geht erst in vier Tagen. Soll ich in dieser Stadt alleine vier Tage im Hotel verbringen? Durch Mitreisende, die anschließend noch auf einer Schafsfarm Ferien machen wollen, werde ich an einen Artikel in der Los Angeles Times erinnert, den ich gelesen und ausgeschnitten hatte. Im Service-Teil mit den Empfehlungen von Reisenden wurde eine Schafsfarm in Neuseeland besonders gelobt, und die Adresse war auch angegeben. Ich durchsuche sämtliche Unterlagen, kann das Stück Zeitung aber nicht mehr finden. Im Fremdenverkehrsbüro frage ich nach einer Schafsfarm in der Nähe und bekomme direkt eine Adresse. Sogar die Fahrt dorthin wird gleich geklärt, und mir wird eine Zeit genannt, zu der ich abgeholt werden soll.

Unsere Gruppe wird auf zwei Hotels verteilt. Pavel ist in dem anderen und muss sich von uns verabschieden. Damit habe ich nicht gerechnet. Ich habe das starke Gefühl, dass unser Gespräch über Gott noch nicht beendet ist. Bevor er geht, verabreden wir, dass wir uns am Abend noch einmal treffen. Am Abendbrottisch fragen einige der Single-Frauen, was ich noch vorhabe. Ich antworte: „Ich gehe zum anderen Hotel, Pavel besuchen."

„Oh, da gehen wir auch mit!", sagen sie wie im Chor. Zu spät! Drei andere Frauen begleiten mich, und wie ich befürchtet habe, gibt es keine Gelegenheit mehr, allein miteinander zu sprechen. Ich verabschiede mich kurz von ihm, und zwar mit einem schweren Herzen.

Im Bett liege ich lange wach und mache mir Gedanken. Das Ganze lässt mir keine Ruhe. Da fehlt noch etwas. Ich überlege, ob ich noch einmal mit ihm sprechen kann. Soll ich ihn einfach anrufen? Aber das, was ich sagen will, muss persönlich gesagt werden und nicht übers Telefon. Und noch einmal hingehen, das liegt mir nicht. Das wäre zu aufdringlich. Ich bete und lege die ganze Situation in Gottes Hände. Erst als ich so losgelassen habe, kann ich einschlafen.

Am Vormittag des nächsten Tages laufe ich in Christchurch durch die Stadt, um noch ein paar Postkarten zu kaufen. Auf dem Rückweg zum Hotel komme ich an einer Bushaltestelle vorbei. Ich kann es kaum glauben! „Pavel! Was machen Sie denn hier?" Auch er ist sichtlich erfreut. „Ich warte auf den Bus zu meinem Hotel."

„Wann geht denn Ihr Flugzeug?"

„Heute Nachmittag um vier."

„Haben Sie denn noch etwas Zeit? Wir könnten noch ein bisschen spazieren gehen." Er blickt auf seine Uhr. „Ja, ich hab noch etwas über eine Stunde."

Wir gehen in einen nahe gelegenen Park, der von einem kleinen Fluss durchzogen wird. Ich sehe ein Schild: „Bootsverleih". „Darf ich Sie zu einer Bootsfahrt einladen?", frage ich. Ich sitze hinten und er vor mir. Das kleine Paddelboot erinnert mich an eine glückliche Zeit als verliebter Teenager auf der Havel in Berlin. Während wir durch den Park paddeln, gibt Gott mir die Worte, noch einmal alles Wesentliche zu sagen, wie er es mir innerlich aufgetragen hat.

Als wir wieder am Ufer ankommen, frage ich: „Pavel, Sie haben jetzt die Wahrheit gehört und erkannt. An Gott glauben heißt, in einer Beziehung zu ihm zu stehen. Wir haben ja auch darüber gesprochen, wie das geht, über Jesus, den Weg, die Wahrheit und das Leben. Sie werden diese Wahrheit nie mehr los werden können, darum frage ich Sie: Wollen Sie Jesus ihr Leben anvertrauen, ihn als Ihren persönlichen Herrn und Heiland annehmen?“

Er bleibt stehen und blickt mir in die Augen. „Wissen Sie, was das für mich bedeuten würde?“

„Ja, ich denke schon. Es kann bedeuten, gegen den Strom zu schwimmen, unter Umständen verlacht und verfolgt zu werden, ja: Ablehnung und Ausgrenzung in Kauf zu nehmen. Aber das hat Christ sein schon immer bedeutet. Aber diese Beziehung mit Gott ist – letztlich – das Einzige, wofür es sich zu leben und zu sterben lohnt!“ Ich sehe, wie in seinen Augen Tränen aufsteigen. „Ich möchte ja so gerne“, sagt er leise und dreht sich weg.

Als wir uns an der Bushaltestelle verabschieden, umarmt er mich, und ich flüstere: „Ich bete weiter für Sie, Pavel, dass Sie den Mut zum wichtigsten Schritt in Ihrem Leben bekommen. Gott segne Sie!“ Wieder sehe ich Tränen in seinen Augen. Als ich gehe, ist ein großes Glücksgefühl in meinem Herzen. Gott hat mein Gebet erhört und uns noch einmal eine kostbare Zeit geschenkt. Ich habe sagen können, was mir für Pavel auf dem Herzen lag. Alles weitere wird Gott selbst tun.

Was ich zu diesem Zeitpunkt noch nicht weiß und erst einige Zeit später erfahre: Zu Hause bleibt Pavel so wissbegierig und beschäftigt sich intensiv mit der Bibel, die ich ihm geschickt habe. Dann lädt ihn ein Kollege zu einer Bibelstunde ein – und irgendwann erhalte ich von Pavel selbst eine Nachricht: Er hat Gott sein Ja gegeben. Jahre später besucht er mich in Koblenz, und wir können nicht nur wieder so gut miteinander reden, sondern auch miteinander beten.

Noch vier Tage Neuseeland habe ich vor mir. Auf einer Schafsfarm. Ich bin gespannt! Zur verabredeten Zeit warte ich am Fremdenverkehrsbüro und werde von einem etwa vierzigjährigen Mann abgeholt: der Hausherr meiner Gastgeberfamilie. Wir fahren an herrlichen Landschaften vorbei, und ich bitte den netten Menschen ein, zwei Male anzuhalten, damit ich Fotos machen kann. Als wir ankommen, bin ich sprachlos. Es sieht einfach malerisch aus hier! Die Farm liegt ganz oben bei den Klippen, die den pazifischen Ozean förmlich einrahmen. Im Hintergrund wogt das dunkelblaue Meer, und vor dem Haus strahlt eine Vielfalt von blühenden Protheen in allen Farben. Ein Vogel, dessen Stimme wie eine Glocke klingt, sorgt für die Hintergrundmusik. Die Hausfrau begrüßt mich herzlich. Als Gast nimmt man direkt am Leben der Familie teil. Das Ehepaar hat zwei Kinder im Teenager-Alter, und alle zusammen sitzen wir abends nach dem ausgezeichneten Essen beieinander und werden miteinander bekannt. Ich höre, dass es sage und schreibe fünfundzwanzigtausend solcher Schafsfarmen im Land gibt, die Gäste aufnehmen. „Meine“ Familie besitzt viertausend Schafe, die auf den Hängen, die zum Ozean hin abfallen, grasen.

„Wir hatten schon einmal Gäste aus Los Angeles“, erzählt der Hausherr, als ich etwas von meiner zweiten Heimat und meiner Familie dort berichte, „und nach diesem Besuch haben sie in der Los Angeles Zeitung über uns geschrieben.“

„Was?“ Ich kann es fast nicht glauben. „Sie sind die Leute, die ich gesucht habe und deren Adresse ich verloren habe! Bei fünfundzwanzigtausend Farmen hat Gott mich genau Ihre wieder finden lassen. Und so was nennen manche Leute Zufall!" Ich bin wieder einmal überwältigt von den Fingerzeigen und der Führung Gottes. Er ist mir wirklich nahe!

Aus den geplanten vier Tagen werden beinahe drei Wochen unvergesslichen Urlaubs. Ich lerne alles über Schafzucht und Haltung. Ich kann zuschauen, wie aus einem abgezogenen Fell ein Schafvorleger wird. Ich bin fasziniert von der schweren Arbeit der Hütehunde und staune, wie sie mit ihrem Herrn eine Einheit bilden. Ich darf mit auf die Felder, wenn die Herde von einer eingezäunten riesigen Weidefläche zu einer anderen getrieben wird. Ich verfolge, wie es zwei Männer und vier Hütehunde zweieinhalb Stunden kostet, einige verstreute Schafe aufzuspüren und auf die nächste Weide zu treiben. Ich lerne die furchtsamen Schafe kennen und höre mit Entsetzen, dass vor kurzem ein erschrecktes Schaf in den tiefen Abgrund gesprungen ist und weitere dreißig Schafe in Panik folgten.

Hier lerne ich Lammfleisch in allen Variationen kennen, sogar als Hamburger, und muss immer wieder die Küche für die schmackhafte Zubereitung loben. Wenn Hausherr und Sohn zum Tauchen fahren, darf ich sie auf dem Sportboot begleiten. Während die beiden mit ihren Körben in die Tiefe gehen und mit einer Ladung frischer Hummern wieder an Bord kommen, bleibe ich oben, schaukle mit dem Boot auf den Wellen und genieße Luft und Sonne. Hummer zu essen wird bald eine Alltäglichkeit. Auch andere riesige Fische, die wir von einer im Meer verankerten Lachsfarm aus einen nach dem anderen aus dem Wasser ziehen, gehören zum wöchentlichen Speiseplan. Was geht es uns gut!

Dazu kommt die Begegnung mit mehreren anderen Gästen, die ebenfalls eine Zeit lang hier im Haus mit wohnen – bei „uns" mit wohnen: Ich fühle mich nämlich nach einiger Zeit fast zur Familie gehörig, und ich werde auch so behandelt. Wir haben viele gute Gespräche über „Gott und die Welt". Besonders meine Familie ist offen für Fragen des gelebten Glaubens. Aber auch ein älteres deutsches Ehepaar, das mit einem Mietwagen die Gegend erkundet und mich mitnimmt, zeigt Interesse. Erst reden wir Frauen miteinander, später beteiligt sich auch der Mann, ein Richter im Ruhestand. Die Gespräche entwickeln sich ganz natürlich, und mal wird das eine, mal das andere Thema vertieft.

Eigentlich hatte ich vor, nach zwei Wochen zu fliegen, aber ein Unfall macht mir einen Strich durch die Rechnung. Es ist Sonntagnachmittag, und die Familie lädt mich ein, mit schwimmen zu gehen. Wir fahren mit dem Sportboot, das keine Sitze hat, die Küste von Banks Peninsula entlang. In einer abgeschiedenen Bucht ankern wir und schwimmen vom Boot aus in dem klaren grün-blauen Wasser. Ich blicke beim Schwimmen hoch zu den Klippen und den überhängenden Wänden aus rotem Sand, Ton, Steinen und Lava, die sich zusammengepresst in wilden Mustern verschiedenfarbiger Lagen über uns türmen. Die Entdeckerlust befällt mich, und so gehe ich wieder aus dem Wasser und klettere am Strand über Felsbrocken zum Fuß der Klippen. Mir geht es nicht anders als vielen vor mir:

Der Reiz des Neuen, der Anblick aufregender Entdeckungen hat den Menschen immer schon angetrieben, seinen Horizont zu erweitern. Der Erste zu sein, der seinen Fuß auf bisher unbekanntes Land setzt und einen neuen Hafen entdeckt, muss bei einem wohl immer diese reizvolle Mischung von abenteuerlicher Vorfreude und Furcht vor dem Unbekannten auslösen. Ich wähle einen Weg am Strand entlang, der übersät ist mit regenbogenfarbenen Papua-Muscheln, die wie teure Juwelen aus der Schatulle der Natur verstreut umher liegen, und mit Treibholz, dessen bizarre Formen an Monster und Drachen erinnern. Unter einem Felsbrocken entdecke ich einen bläulichen Pinguin, der mich ängstlich anschaut. Am tiefblauen Himmel fliegen weiße Möwen und stoßen ihre klagenden Schreie aus. Das gleichmäßige Geräusch der sich an den Felsen brechenden Wellen, die in jahrelanger unablässiger Arbeit ein Stück des

Gesteins herausgewaschen haben, erfüllt die Luft. Ein neugieriger Seehund hebt den Kopf aus dem Wasser, beobachtet mich mit einem überraschten Ausdruck und verschwindet mit einer eleganten Bewegung wieder unter der Oberfläche.

Bis jetzt ist es wirklich ein wunderschöner Tag gewesen! Ich schwimme zum Boot zurück, wir holen den Anker ein und steuern aufs offene Meer zu. In der kleinen Bucht war es still gewesen, aber als wir herauskommen, begegnet uns ein steifer Wind, und die Wellen werden größer. Ich halte mich an der vorderen Stange hinter der Windschutzscheibe fest und fange die Wellenbewegungen in meinen Knien ab. Plötzlich erfasst uns eine große Welle, ich fliege durch die Luft und komme im hinteren Teil des Bootes flach auf dem Rücken wieder auf. Mein erster Gedanke ist: Jetzt hast du dir was gebrochen. Ich bleibe liegen, und voller Sorge beugen sich meine Leute über mich. „Kannst du dich bewegen?“, fragt die Frau ängstlich. Ich merke, dass ich alles bewegen kann, aber der Rücken tut furchtbar weh. Ich bleibe liegen, bis wir wieder am Steg anlegen. Mit vereinten Kräften wird mir beim Aussteigen und ins Auto geholfen. Zu Hause angekommen, lege ich mich gleich ins Bett. Eins weiß ich gewiss: Fliegen und Gepäck schleppen werde ich für ein paar Tage sicher nicht können. Mein Flug muss um eine Woche verschoben werden.

Rührend besorgt kümmert sich die Hausfrau um mich. Sie bringt mir etwas zu essen und schüttelt mir das Kissen auf. „You poor old thing“, sagt sie, als ich mein Gesicht schmerzhaft verziehe. Das gibt mir einen Stich durchs Herz, genauso schmerzhaft wie mein Rücken. Was hat sie gesagt? „Old thing“? Jetzt bin ich also nicht mehr nur ein „poor thing“, sondern ein „old thing“. Ja, ich bin nicht mehr jung. Aber warum tut das nur so weh, es von einem anderen zu hören, dass man alt ist? Wie oft habe ich meine Zuhörer bei meinen Vorträgen zum Lachen gebracht mit den Worten: „Wissen Sie, wann es Ihnen zum ersten Mal klar wird, dass Sie alt sind? Wenn Sie aus der Dusche steigen und froh sind, dass der Spiegel beschlagen ist!“ Man sieht die äußerliche Veränderung ja jedes Mal, wenn man in den Spiegel schaut. Aber das eigene Gefühl ändert sich nicht. Und so ist man doch immer wieder überrascht: „Das ist bestimmt nur das schlechte Licht hier, dass dein Gesicht so faltig wirkt.“ Oder wenn man beim Anprobieren einer Sonnenbrille in den kleinen Spiegel blickt und erschrickt: „Bin ich das wirklich?“ Als Frau hat man sich ja schon daran gewöhnt, dass man von Männern nicht mehr wahrgenommen wird, dass die Blicke über einen hinweggehen, als wäre man unsichtbar, dass im Restaurant zuerst die Tische, an denen eine jüngere Frau oder eben ein Mann sitzt, bedient werden, und dann erst nach langem Warten der Ober an meinen Tisch kommt ... aber so direkt zu hören, dass man „alt“ ist, das kann wehtun.

Männer im selben Alter empfinden wahrscheinlich diese Gefühle nicht so stark, oder täusche ich mich da? Aber ich habe den Eindruck, dass Frauen, die oft genug zuerst einmal über ihr Aussehen wahr genommen werden, mehr darunter leiden. Kein Wunder: Eine Gesellschaft, die einer Jugendkultur huldigt, wertet alles ab, was nach Kräfte- und Schönheitsverlust aussieht oder an Vergänglichkeit und Tod erinnert. Aber auch mir fällt es schwer, mich als „alt“ zu sehen, denn innerlich komme ich mir eben immer noch vor wie ein Mensch im mittleren Alter und im Besitz all seiner Kräfte. Natürlich mit mehr Reife und Lebenserfahrung. Aber das verändert das traurige Gefühl in solchen Momenten nicht. Ja, ich muss lernen, mich damit abzufinden, dass ich eben kein „junges Ding“, sondern ein „armes altes Ding“, ein „poor old thing“ bin.

Nach einigen Tagen geht es mir wieder besser, und ich möchte vor dem endgültigen Abschied ein Andenken an die Farm mitnehmen. Was gibt’s da Besseres als ein Schaffell? „Ich fahre heute weg, um braune Schafe zu kaufen. Möchtest du mitkommen?“, fragt mich der Hausherr. Wir fahren zu einer Frau, die ausschließliche braune Schafe züchtet. Unterwegs erzählt er mir, dass diese Frau ihren Schafen Namen gibt. Wenn sie das

Alter erreichen, in dem sie geschlachtet werden müssen, verkauft sie sie, damit sie das nicht selbst tun muss. Ich bin gespannt auf diese Frau.

Und wirklich, die Schafe hören sogar auf ihre Namen. Als sie verladen sind, dreht die Frau sich um und geht ins Haus. Man spürt ihre Trauer. Es ist das erste Mal, dass ich ein Band zwischen den „dummen" Schafen und ihren Besitzern sehe. Beim Scheren habe ich es fast nicht mit ansehen können, wie um der Schnelligkeit willen die nackten Schafe mit blutenden Blessuren aufstanden, weil der Scherer, der nach Stückzahl bezahlt wird, einige Sekunden an Vorsicht dem Geld opferte. Hier ist es ganz anders, hier hat ein Mensch Liebe in seine Tiere investiert. Eins ihrer braunen Schaffelle wird nun nach meiner „großen Reise" bei mir zu Hause liegen und mich an sie erinnern.

Ich denke an das Gleichnis Jesu von dem Guten Hirten und den Schafen, die er beim Namen ruft und die ihm nachfolgen. Was für ein Bild für uns arrogante Menschen, dieser Vergleich mit einem „dummen" Schaf, das nicht ohne einen Hirten existieren kann. So viele Gemeinsamkeiten habe ich in den Wochen zwischen Schafen und Menschen kennen gelernt, dass ich dieses Bild Jesu ganz neu verstehen und voll bejahen kann. Wie gut, dass ich einen Guten Hirten habe, bei dem mir nichts mangelt.

Wieder heißt es Abschied nehmen und noch frische Wurzeln ausreißen. Die Liebe der Familie begleitet mich, und ich bin dankbar für die zusätzlichen Tage, die ich bei ihr sein konnte. Der Abschiedsschmerz wird nur durch einen zauberhaften Namen gelindert, der mir auf der ganzen Reise vor Augen steht wie eine verheißungsvolle Wundertüte, die darauf wartet, geöffnet zu werden. Ta-hi-ti heißt dieses Wort. Und für mich ist Tahiti seit Jahren *das* Traumziel, ohne das es ja auch zu dieser Reise nicht gekommen wäre.

Wir erreichen die Hauptstadt Tahiti. Sobald ich ein Hotel gefunden habe, mache ich mich auf die Suche nach einem Schiff, das die umgebenden Inseln anfährt. Ich lande schließlich bei einer Linie, die kleine flachbödige Schiffe nutzt, um auf den Inseln ohne Kai oder Steg direkt anzulegen. Das Boot, auf dem ich für eine Woche zu fünf Inseln fahren werde, hat nur knapp fünfzig Passagiere, und ich bekomme einen guten Preis, weil ich vor Ort buche und nicht über eine Agentur in einem anderen Land. Einige Tage muss ich noch warten, die ich zur Erkundung der Insel und zum Besuch des Gauguin-Museums nutze, bevor ich voller Erwartung mich an Bord begebe und meinem großen Abenteuer entgegenfahre.

Ich sitze sinnierend vor meinem Tagebuch. Wie kann man etwas schildern, was die Erfüllung eines Traumes bedeutet? Wie die Worte finden für unbeschreiblich schöne Strände mit gebogenen Palmen über weißem Sand, glasklarem, türkisfarbenem Wasser, in dem man ohne zu schnorcheln die bunten Fische schwimmen sehen kann? Wie die blumengeschmückten lächelnden Menschen beschreiben, die an Bord des Schiffes kommen, mit uns tanzen und ihre melodischen Lieder zur Ukulele singen? Wie kann man das Erlebnis, auf kleinen Booten einen dunklen Strom aufwärts ins Land hineinzufahren und an Stegen mit braunen Kindern Blumen und Früchte gegen Süßigkeiten zu tauschen, jemandem verständlich machen, der nur die Worte verstehen kann?

Die einmalige Schönheit der Südsee übertrifft selbst meine hohen Erwartungen. Jetzt kann ich Gauguin verstehen, der hier eine zweite Heimat fand und diese Menschen in ihren Alltagsposen in der Farbenpracht der Tropen malte, und der die Sehnsucht der Nordeuropäer nach Sonne und warmen Stränden weckte. Aber auch so ein großer Maler kann den Zauber nicht einfangen, den eine tropische Nacht auf dem Wasser schafft, wenn wie von Geisterhand phosphoreszierend leuchtende Fische das Meer bevölkern oder Fliegende Fische wie Vögel über die Oberfläche des Wassers gleiten. Unter dem südlichen Kreuz breitet sich ein unendlicher Sternenhimmel aus, und die milde Nachtluft streicht mit zarten Händen über das Gesicht.

Jede der fünf Inseln, die wir besuchen, ist anders, aber alle üben sie die gleiche starke Anziehung auf mich aus. Mag sein, dass das alltägliche Leben nicht so ideal ist, wie es mir jetzt vorkommt, aber ich gebe mich ganz dem Zauber hin und erwarte nicht aufzuwachen, sondern will jede Minute genießen. Die Passagiere sind wie eine große Familie. Als mein Geburtstag kommt, wird mir eine Torte mit Kerzen gebracht, und alle singen: „Happy Birthday". Es ist eine entspannte Atmosphäre, man muss sich nicht aufwändig anziehen, denn die vielen farbenfrohen Pareos, die großen Tücher, die man wie ein Kleid um sich bindet, sind alles, was man hier an Bord braucht.

Der allerletzte Teil meiner großen Reise wird bald anbrechen. Bevor ich auf diese kleine Südsee-Insel-Kreuzfahrt ging, hörte ich, dass erst drei Tage nach Abschluss der Schifffahrt wieder ein Flugzeug nach Los Angeles fliegen würde. Was tun in den drei Tagen? Die Stadt Tahiti selbst ist schön, aber auch sehr lebhaft und recht teuer. Während ich noch auf meine Inseltour warte, nehme ich also eine Fähre und fahre auf die Nachbarinsel Moorea mit ihren steilen und zerklüfteten grünen Bergen. Auf der einzigen Straße, die die Insel umrundet, fahre ich mit dem Bus zu einem Hotel, von dem ich gelesen hatte. Aber auch dort streikt wieder mein schmaler Geldbeutel. Es ist einfach zu teuer für drei Tage. Was tun?

Weil einige Stunden kein Bus mehr kommen wird, beginne

ich am Strand entlang zu meinem Ausgangspunkt zurückzulaufen. Das klare Wasser an meinen Füßen ist lauwarm. Ich trotte dahin und nehme alles in mich auf, was sich an schönen Blicken bietet. Auf einmal lichtet sich der Strand, und ich sehe unter hohen Palmen einen Campingplatz mit verschiedenen Zelten. Ja, wenn ich nur ein Zelt dabei hätte! Ich gehe mit sehnsüchtigen Blicken weiter und komme auf einmal an die andere Seite des Platzes, auf dem mit Palmengrün gedeckte kleine Hütten stehen. Vor einer sitzt ein Pärchen an einem Tisch. Ich fasse mir ein Herz und spreche die beiden an. Es sind Schweizer, die hier Urlaub machen. „Kann man diese Hütten mieten?“, frage ich. „Ja, sie gehören zum Campingplatz. Sie können sich unsere ruhig einmal ansehen.“ Ich blicke hinein in die zwei kleinen Zimmerchen: das eine ist eine kleine Küche und das andere ein Schlafzimmer. Auch ein kleines Bad gibt es. Die Wände sind oben unter dem Dach offen, sodass der Wind als Klimaanlage dient. Vor der Hütte ein Tisch und eine Bank. Ideal für mich. Ich suche die Besitzerin auf. Sie nennt mir einen erschwinglichen Preis, und ich reserviere eine kleine Hütte für die Zeit nach der Schifffahrt.

Nun ist es also so weit, und ich sage Ade zu dem schwimmenden Hotel, das uns direkt auf die Inseln brachte, indem es vorne an der Spitze eine Gangway auf den Strand herunterließ, auf der wir trockenen Fußes das Land erreichten. Ich verabschiede mich von meinen Mitreisenden und ziehe alleine weiter. Aber ich bin ja nicht wirklich allein! Jetzt geht mein Robinson-Crusoe-Traum in Erfüllung.

In meiner kleinen Hütte, nur einige Schritte vom Meer entfernt, lebe ich wie ein von aller Last der Zivilisation befreiter Mensch. Meine Tage finden teils am, aber hauptsächlich im

Wasser statt. Schon früh morgens gehe ich hinein und schaue zu, wie die kleinen Fische um meine Füße schwimmen. Ich lebe hauptsächlich von unbeschreiblich süßen Ananas und anderen Früchten. Morgens sitze ich vor der kleinen Hütte unter Palmen und blicke aufs Meer, auf den weißen Kreis des Riffs, an dem sich die Wellen brechen. Zeit und die Welt scheinen weit entfernt zu sein. Nicht einmal Radio möchte ich hören, sondern nur diesen schwebenden Zustand des Augenblicks, ohne Vergangenheit oder Zukunft genießen, eins sein mit der mich umgebenden Natur und den Geschöpfen, die Gott geschaffen hat. Wie den winzigen Gecko, ein Baby noch, der morgens auf meinem Tisch sitzt und an kleinen Zuckerkörnchen leckt. Bewegungslos sitze ich da und beobachte ihn mit seinen glänzenden schwarzen Augen und den Saugnäpfen an den gespreizten Zehen, die es ihm ermöglichen, kopfüber an einer Decke entlangzuspazieren.

Dann folge ich wieder meiner Lieblingsbeschäftigung, dem Strandlauf, und entdecke immer neue schöne Buchten. Die breitbeinigen Krabben, die überall das Land bevölkern, gehen mir aus dem Weg, und ihre Stielaugen erspähen mich offenbar schon, bevor ich sie sehe. Vor den Häusern der Einheimischen fallen mir die Sarkophage auf. In ihnen liegen die Gebeine der Familienangehörigen. Wie das wohl das eigene Leben und die Gedanken an die eigene Sterblichkeit beeinflusst? Jedenfalls ist das eine mir fremde Art, mit dem Tod umzugehen, indem man tagtäglich den Verstorbenen vor Augen hat, ob als Drohung oder als sentimentale Erinnerung.

Nachts habe ich neben meinem Bett eine glühende Mückenabwehrspirale, die die Insekten vertreibt. Ich lausche dem leisen Rauschen der Palmen über mir und dem Plätschern der Wellen – und bin unbeschreiblich glücklich. Etwas, wovon ich mein ganzes Leben geträumt habe, von den Abenteuerbüchern meiner Kindheit an, ist in Erfüllung gegangen, und ich darf das erleben, was ich mir vorgestellt habe. Nur ist es noch viel schöner, als ich es mir ausgemalt habe.

Nur zu schnell gehen diese drei wunderschönen Tage zu Ende. Ich werfe noch einmal einen sehnsüchtigen Blick zurück, bevor ich in den wartenden Bus einsteige. Die Zivilisation hat mich wieder! Mit einem Sportflugzeug fliegen wir auf die Insel Tahiti zurück, und dann steige ich in das letzte von dreiundzwanzig Flugzeugen, das mich dem unausweichlichen Ende dieser siebenmonatigen Reise einmal rund um den Erdball näher bringt.

Hoch über den Wolken denke ich noch einmal an die Ausgangsfrage zurück: Kann ich Gott so verlässlich erleben, wie ich meinen Ehemann erlebt habe? Kann ich das Wort: „Ich, der Herr, bin dein Ehemann“ wirklich persönlich nehmen? Bevor ich mir bewusst diese Frage stelle, ist die Antwort schon da: Ja, ja und abermals ja! Ein bunter Film läuft vor meinem inneren Auge ab, eine Szene nach der anderen, Begegnungen, Führungen, Überraschungen, Hilfen in Not, unerwartete Geschenke, Gelegenheiten, meinen Glauben mit anderen zu teilen, offene Gespräche und beglückende Erfahrungen. Die ganz persönlichen Erlebnisse mit einem immer wachen und liebenden Vater im Himmel, der meinen Weg nicht nur begleitet, sondern überreich gesegnet hat. Was hat er sich alles einfallen lassen, um mich und andere Menschen zu erfreuen! Und wie viele liebe Leute hat er mir über den Weg geschickt, die mein Leben bereichert haben!

Ich weiß eines ganz gewiss: Nie wieder werde ich daran zweifeln, dass Gott mich so wie mein verstorbener Ehemann kennt, ja, noch viel inniger und intimer kennt, da er sogar mit all meinen Gedanken, Sehnsüchten und Hoffnungen vertraut ist. Er weiß, was ich in jeder Situation brauche, und gibt mir das, was nötig ist, um seinen Willen für mein Leben zu erfüllen.

Seine Liebe, die höher als jede menschliche Liebe ist, will nur mein Bestes, und ich will lernen, auch in Schwierigkeiten daran festzuhalten, dass er ein Gott der Liebe ist.

Liebe, Schutz, Geborgenheit, sich Kümmern, sich Austauschen – das alles habe ich früher von meinem Ehemann erwartet, wie er von mir. Jetzt, wo er nicht mehr lebt, brauche ich nicht auf all das zu verzichten. Auf dieser Reise mit Gott habe ich noch viel mehr geschenkt bekommen, als ich erhofft hatte: ein gestärktes Selbstbewusstsein, neuen Mut, Dinge anzugehen, vor denen ich mich früher gedrückt hätte, Entschlossenheit, mich gegen Widerstände durchzusetzen und Ängste zu überwinden, und mich immer wieder neugierig wie ein Kind auf unbekannte Situationen und Menschen einzulassen.

Ich habe auch gelernt, dass man nach einem Sturz ohne Selbstmitleid wieder aufstehen kann, um vertrauensvoll den nächsten Schritt zu wagen.

Das möchte ich weitergeben, nachdem diese siebenmonatige Reise zu Ende ist und der ganz gewöhnliche Alltag mich wieder umfängt – und nicht mehr Risiko, sondern Routine meinen Tag bestimmt ... Aber nur bis zur nächsten Reise!

Mit Gottvertrauen im Gepäck

Delhi
Bombay
Kuala Lumpur
Singapur
Jakarta
Bali
Noumea
Sydney
Auckland

Yola Entz

Yola

Ein Leben in Berlin, Hollywood
und anderswo

238 Seiten. FesterEinband
Bestell-Nr. 3-7655-1667-8

„Da hat ein Höherer die Hand im Spiel!“ So ein Kommentar zur Lebensgeschichte von Yola Entz.
In ihrer autobiografischen Erzählung berichtet die Autorin mit Esprit aus einem spannenden Leben mit Höhen und Tiefen: als Kind und verliebtes junges Mädchen in Berlin, in Angst vor Verfolgung durch die Gestapo auf dem Land, auf dem Schiff zum Vater in Amerika, und dann im neuen Leben in den Welten zwischen Glanz und Glamour und der Sorge um ein Dach über dem Kopf ...
In alldem, was Yola Entz da widerfährt, wird deutlich, dass die im Laufe ihres Lebens wachsende Gelassenheit wohl viel zu tun hat mit „dem Höheren, der da seine Hand im Spiel hat“.